建設業における
労災保険の実務
Q&A

建設労務安全研究会 編

改訂第2版

労働新聞社

○法改正等で内容に変更が生じる場合がございます。

はじめに

　建設労務安全研究会（略称「労研」）は、建設業界の労務安全衛生管理および専門工事業者への指導・育成等、関連する諸問題の調査・研究を行っています。

　労研の委員会の1つである労務管理委員会は、建設労働者の労務管理の向上、元請・下請関係の合理化を目的に、賃金、労働時間、社会保険、労働保険、建退共制度、施工体制台帳などの諸問題について、年度ごとのテーマを定め、研究・検討を行っています。

　労務管理委員会社会保障小委員会では、会員企業の実務担当者がこれまでに経験し、直面した労災保険に関する問題を持ち寄り、平成25年2月にQ&Aとして取りまとめました。

　本書は、その後の改正内容を盛り込んだ改訂第2版です。

　実際、実務担当者が関わる労災保険関係の問題は、大きなケースから小さなケースまで多岐にわたり、法律の解説書では回答が得られないケースもあります。また、対応によっては企業に不利益を生じさせるケースも考えられます。

　本書は、実務担当者が実際に経験し対応したケース、現場等から相談されたケース、都道府県労働局、労働基準監督署などの行政諸官庁と協議・検討をしたケースなど、具体的事例や日頃疑問に感じていたことを、法令・通達等も記載し、わかりやすく解説しています。

　このQ&Aは、労災保険関係の問題について、1つの〝考え方〟を示したものですが、建設業の労務安全担当者、専門工事業の事業主の方々の業務遂行のうえでの参考にしていただければ幸甚です。

建設労務安全研究会

目　次

第1章　法律の基礎知識

Ⅰ　労災保険法……………………………………………………………… 10

Ⅱ　労働保険徴収法………………………………………………………… 14

第2章　適用の実務Ｑ＆Ａ

Ⅰ　業務災害

Q01　材料納入業者が現場で怪我。現場の労災保険適用か ……………… 22

Q02　土工事の2次下請運搬業者（緑ナンバー）の運転手が
　　　現場入場前に怪我。下請の労災保険適用でよいか ………………… 23

Q03　型枠パネルを下請大工の工場から現場にトラックで
　　　運ぶ途中に運転手が怪我。労災保険の適用は ……………………… 25

Q04　バックホーでの被災に対する保険適用は自賠責か労災か ………… 26

Q05　不法就労の外国人労働者に労災保険が適用されるか ……………… 29

Q06　ガードマンが怪我をした場合の保険関係教えて …………………… 34

Q07　本社に所属する社員が現場で怪我をした場合の労災適用は ……… 36

Q08　タワークレーンのオペレータや
　　　修理に来たメーカー社員の労災保険の適用は ……………………… 37

Q09　派遣社員の労災保険の取扱い教えて ………………………………… 40

Q10　出向社員の労災適用は出向元か、出向先か ………………………… 42

Q11　複数の現場を担当していた専門工事業者の過労死。
　　　労災保険の適用は元請か専門工事業者か …………………………… 44

Ⅱ　通勤災害

Q12　帰宅途中の電車での怪我と保険関係は ……………………………… 45

Q13　単身赴任で現場宿舎に寝泊りしていた職員が
　　　自宅へ帰省する際にあった交通事故は通勤災害か ………………… 49

Q14　現場への赴任途中で交通事故にあった場合は
　　　業務上災害か通勤災害か …………………………………………… 53

Q15　寮生活の社員が実家から寮へ戻る途中の交通事故の取扱いは …… 55

Q16　休日出勤時に無断使用した自家用車での交通事故は通勤災害か … 56

Ⅲ　業務上外の判断

Q17　単身赴任者が現場で寝泊りしていて
　　　就寝中に死亡した場合、労災は認められるか ……………… 58

Q18　現場内巡回時、平坦な通路を歩行中に
　　　突然起きたアキレス腱断裂は労災適用か ……………… 61

Q19　作業中に原因不明の痛みを訴える作業員への労災適用は ………… 63

Q20　本人の不摂生が原因で熱中症になった場合は ……………… 64

Q21　熱中症や疾病が原因で転れた場合の業務上外の取扱いは ………… 66

Q22　脳貧血の持病を持つ作業員が貧血で脚立から転落。労災適用か … 68

Q23　現場で作業中、作業員同士がけんかになり
　　　１人が負傷。労災適用は ……………… 69

Q24　宿舎として使用中のアパートの火災で作業員が死亡。
　　　労災保険の適用は ……………… 71

Q25　社内サークルに参加後、帰宅中に交通事故。通勤災害は適用か … 73

Q26　安全協議会後の懇親会で缶ビールを飲んだ後、
　　　事務所の階段から転落。労災認定されるか ……………… 75

Q27　地震による落石で作業員が負傷。
　　　天災地変に起因する災害の労災適用は ……………… 77

Q28　出張中に旅館で飲食後、風呂場で転倒。労災保険適用か ………… 79

Ⅳ　一人親方・中小事業主

Q29　一人親方の労働者性の判断基準教えて ……………… 80

Q30　帰宅途中追突事故で５人が負傷。
　　　うち１人が「一人親方」で特別加入していなかった場合は……… 83

Q31　「取締役」が現場で作業中に被災した場合の労災適用は ………… 84

Ⅴ　海外出張

Q32　海外出張中、派遣中の災害は労災適用されるか ……………… 86

第3章　成立・徴収の実務Ｑ＆Ａ

Ⅰ　労災保険関係の成立

Q33　現場が２つの労基署にまたがる場合の保険関係成立は ………… 90

Q34　同　発注者からの契約で工事場所が複数ある場合の
　　　労災保険関係の成立は ……………… 92

Q35　竣工後の手直し工事の労災手続は新規か …………………………… 93

Q36　竣工後2年を経過した物件の
　　　1日で終わる補修工事の労災加入は …………………………………… 95

Q37　1つの工事の中に「事業の種類」が
　　　混在するときの保険関係は分けるのか ……………………………… 96

Q38　エレベーター、エスカレーター工事等は本体工事の
　　　労災から分けた方がよいか ……………………………………………… 97

Q39　「労災保険関係成立票」は必ず掲示する必要があるのか ………… 98

Ⅱ　労災保険の未納・滞納

Q40　労災保険料の滞納・未納中の災害でも補償されるか ……………… 99

Q41　労災保険料の督促状を放置した場合の問題点は何か ……………… 101

Ⅲ　労災保険料率等

Q42　保険料率が間違っていた場合の差額の追徴、還付はあるか ……… 102

Q43　概算保険料は労務賃金で算出。確定時に労務費率に変更は可能か 104

Q44　建設工事に係る有期事業の
　　　労災保険率、労務費率、非業務災害率を教えて …………………… 105

Q45　単独有期事業の保険料の延納（分割納付）回数の考え方は ……… 107

Ⅳ　一括有期事業の労災保険

Q46　一括有期事業の工事が増額で2億5000万円になった場合、
　　　単独有期事業としてかけ直しか ……………………………………… 111

Q47　共同企業体工事で請負金額1億9000万円未満の場合は
　　　スポンサーの一括有期事業の保険に加入か ………………………… 112

Ⅴ　労災保険の適用事業

Q48　建物の解体工事に続く新築工事の適用事業の種類は ……………… 115

Q49　「外壁リニューアル」工事の事業の種類は何に該当するか ……… 119

Q50　下請分離の条件と留意点を教えて …………………………………… 119

Ⅵ　メリット制

Q51　第三者行為災害で労災が適用された場合、メリット制に影響は … 121

Q52　単独有期事業におけるメリット還付金額の算定方法教えて ……… 123

第4章　給付の実務Ｑ＆Ａ

Ⅰ　労災保険の給付

Q53　労災保険で治療・治ゆした怪我が再発した場合の治療は ············ 128

Q54　障害補償年金受給中に傷病が再発したときの取扱いはどうなる ··· 130

Q55　明らかに治ゆしていると思われても休業補償は継続するか ········ 131

Q56　休業補償給付や労働者死傷病報告の休業日の数え方は ············ 132

Q57　休業補償から障害認定へ切り替わる基準は ······················· 137

Q58　労災の「障害等級」と
　　　身体障害者手帳の「障害等級」はなぜ違う ························ 149

Q59　遺族補償年金を受ける場合の生計維持関係とは ··················· 150

Q60　再婚した際の遺族補償年金や障害補償年金の取扱いは ············· 152

Ⅱ　時効の取扱い

Q61　労災保険給付や労働保険料徴収の時効について教えて ············· 153

第5章　その他の実務Ｑ＆Ａ

Ⅰ　労災の取扱い

Q62　「自分の怪我は自分で治す」と言い張る被災者への対処は ········ 156

Q63　現認者がいない被災者への労災等の対処方法教えて ··············· 158

Q64　元請社員が知らないうちに治療し、
　　　後になって後遺症を申し出た被災者への対処方法は ················ 159

Ⅱ　労働基準法の適用事業報告

Q65　適用事業報告を提出する際の留意点を教えて ····················· 160

Q66　「適用事業報告」に派遣社員は含めるのか ······················· 161

Ⅲ　36協定

Q67　管理職2名のみが在籍している現場の場合、
　　　36協定の提出必要か ·· 162

Q68　建設現場で36協定を締結する場合の協定当事者は ················· 163

Ⅳ　重大災害

Q69　3人が同時に被災したが軽傷。それでも重大災害か ··············· 164

目次　7

Ⅴ　示　談

Q70　示談の注意点・ポイント教えて ………………………………… 165

Ⅵ　高齢者

Q71　高齢者の作業に対して制約あるか ……………………………… 168

Ⅶ　不服申立て

Q72　労災保険給付についての不服申立て制度について教えて ………… 169

Q73　労災保険適用について元請・事業主は意見申立てできるか ……… 173

本書での法令等の略称

徴収法	労働保険の保険料の徴収等に関する法律
徴収則	労働保険の保険料の徴収等に関する法律施行規則
労災保険法	労働者災害補償保険法
労災保険則	労働者災害補償保険法施行規則
労基法	労働基準法
安衛法	労働安全衛生法
安衛令	労働安全衛生法施行令
安衛則	労働安全衛生規則
自賠法	自動車損害賠償保障法
労働者派遣法	労働者派遣事業の適正な運営の確保及び派遣労働者の就業条件の整備等に関する法律
基発	厚生労働省労働基準局長名で各都道府県労働局長へ出された通達
基収	厚生労働省労働基準局長が各都道府県労働局長からの質問に答えて出された通達
基災発	厚生労働省労働基準局労災補償部長名で各都道府県労働局長へ出された通達
基災収	厚生労働省労働基準局労災補償部長が各都道府県労働局長からの質問に答えて出された通達
自賠責保険	自動車損害賠償責任保険
労働局	都道府県労働局
労基署	労働基準監督署

第1章
法律の基礎知識

Ⅰ　労災保険法

　一般に労災保険法といわれていますが、正式名称は「労働者災害補償保険法」（昭和22年（1947年）4月7日法律第50号）です。

　労災保険法の目的は、労働基準法により使用者に課せられた労働者に対する災害補償の無過失補償責任の履行に資し、これに代わって迅速かつ公正な保護を図ろうとするものです。

　労働基準法では、「労働者が業務に従事したことによって被った負傷、疾病、障害または死亡の労働災害は、企業の営利活動に伴う現象である以上、企業活動によって利益を上げている使用者に損害の補償を行わせ、労働者を保護すべきである」との考え方により災害補償制度が立法化されています。

　法の適用が労働者を使用する事業を基礎に行われるため、保険法といいながら被保険者の概念がありません。そのため保険料は事業主の全額負担となります。

　労災保険法は、事業所で働く労働者が業務上災害または通勤災害により受けた負傷、疾病、障害または死亡等に対して迅速かつ公正な保護をするため、必要な保険給付を行い、あわせて業務上災害または通勤災害により、負傷し、または疾病にかかった労働者の社会復帰の保護、当該労働者およびその遺族の援護、適正な労働条件の確保等を図り、もって労働者の福祉の増進に寄与することを目的としています。また、労働者の福祉のために社会復帰促進等事業も行っています（社会復帰促進等事業とは、①被災労働者の円滑な社会復帰を促進するために必要な事業、②被災労働者およびその遺族の援護を図るために必要な事業、③労働者の安全および衛生の確保のために必要な事業並び

に賃金の支払の確保を図るために必要な事業）。

　業務上災害とは、労働者が就業中に、業務が原因となって発生した災害をいいます。業務上災害については、労働基準法に、使用者が療養補償その他の補償をしなければならないと定められています。

　そこで、労働者が確実に補償を受けられるようにするため、および事業主の補償負担の軽減のために労災保険制度が設けられ、下記の通り労働者を 1 人でも使用すれば強制的に適用事業とすることとし、被災労働者が労災保険による補償給付を受けた場合は、使用者は労働基準法の補償義務が免除されることとしたものです。

　労働者を 1 人でも使用する事業（個人経営の農業、水産業等で労働者数 5 人未満の場合、個人経営の林業で労働者を常時には使用しない場合等を除きます）は、適用事業として労災保険法の適用を受けることになり、加入の手続をとり（保険関係成立の届出）、保険料を納付しなければなりません。保険料は全額事業主負担とされています。加入は事業場ごとに行うもので労働者ごとではありません。したがって適用事業場に使用されている労働者であれば誰でも、業務上災害または通勤災害により負傷等をした場合は保険給付を受けることができます。

　労働者とは、正社員のみならずパート、アルバイト等、使用されて賃金を支給される方すべてをいいます。

労災保険給付の種類

保険給付の種類		支給事由
療養（補償）給付（※1）	療養の給付（※2）	業務災害または通勤災害による傷病について、労災病院または労災指定医療機関等で療養する場合
	療養の費用の支給（※3）	業務災害または通勤災害による傷病について、労災病院または労災指定医療機関以外の医療機関等で療養する場合
休業（補償）給付		業務災害または通勤災害による傷病に係る療養のため労働することができず、賃金を受けられない日が4日以上に及ぶ場合
障害（補償）給付	障害（補償）年金	業務災害または通勤災害による傷病が治ったとき（※4）に、障害等級第1級から第7級までに該当する障害が残った場合
	障害（補償）一時金	業務災害または通勤災害による傷病が治ったとき（※4）に、障害等級第8級から第14級までに該当する障害が残った場合
遺族（補償）給付	遺族（補償）年金	業務災害または通勤災害により死亡した場合（法律上死亡とみなされる場合、死亡と推定される場合を含む）
	遺族（補償）一時金	1．遺族（補償）年金を受け得る遺族がいない場合 2．遺族（補償）年金の受給者が失権し、他に遺族（補償）年金を受けることができる遺族がいない場合で、すでに支給された年金の合計額が給付基礎日額の1000日分に満たないとき
葬祭料（葬祭給付）		業務災害または通勤災害により死亡した者の葬祭を行う場合
傷病（補償）年金		業務災害または通勤災害による傷病が、療養開始後1年6カ月を経過した日、または同日後において治ゆ（症状固定）しておらず、かつ、傷病による障害の程度が傷病等級に該当する場合
介護（補償）給付		障害（補償）年金または傷病（補償）年金の受給者のうち第1級または第2級であって、現に介護を受けている場合

12　第1章　法律の基礎知識

二次健康診断等給付	事業主の行う健康診断等のうち直近のもの（一次健康診断）において、次のいずれにも該当する場合 1．検査を受けた労働者が、血圧測定、血中脂質検査、血糖検査、腹囲またはBMI（肥満度）の測定の全ての検査において異常の所見があると診断されていること 2．脳血管疾患または心臓疾患の症状を有していないと認められること

（※1）業務上災害による傷病に必要な給付を「療養補償給付」といい、通勤災害による傷病に必要な給付を「療養給付」といいます。これらを合わせて「療養（補償）給付」といいます。「休業（補償）給付」等についても同様です。

（※2）「療養の給付」とは、療養の現物給付、すなわち労災病院または労災指定医療機関等で被災者に無料で療養の給付を行うことです。この場合、被災者は無料で療養を受けられ、療養に要した費用は直接医療機関等に支給されます。

（※3）「療養の費用の支給」とは、労災病院または労災指定医療機関以外の医療機関等で療養した場合、療養に要した費用全額を被災者が支払うことになりますが、その相当額を被災者に現金で支給することです。

（※4）「治ったとき」とは、傷病の症状が安定し、医学上一般に認められた医療を行ってもその医療効果が期待できなくなったときをいいます。これを「治ゆ」といいますが、必ずしももとの身体状態に回復した場合だけをいうものではありません。

I　労災保険法　　13

Ⅱ 労働保険徴収法

労働保険徴収法は正式には「労働保険の保険料の徴収等に関する法律」（以下、徴収法）といい、昭和47年（1972年）4月に施行されています。

日本では事業所の規模を問わず原則として1人でも労働者を使用すれば、労働保険を適用することになっています（暫定任意適用事業を除く）。労働保険と称している理由は、労災保険（労働者災害補償保険）と雇用保険の2つを取扱っているからです。

徴収法は、労働保険の適用徴収事務を効率的に、また、円滑な行政運営を進めていくために、保険料徴収の適正かつ公正な基準の確立とその執行を図る必要があると判断されたことが制定された主たる目的となっています。

徴収法の特色としては、次の2点があげられるでしょう。

① 保険料の徴収については、徴収法を根拠に行われているが、法律は基本的事項を規定しているだけで、具体的な事案ならびに運用については、解釈例規である「通達」に基づいている。

② 労災保険料の徴収は、事業主の保険料負担の公平性を図るため、事業主が支払った賃金総額に「事業の種類」ごとに定められている労災保険率を乗じて算出されている。

①については、労働保険の基本は、事業主の自己申告、自主納付が原則となっていることから、企業の保険料の納付事務に携わる担当者は関係法令および通達の内容等について十分に知っておかなければなりません。それは、我々建設業の労務安全担当者も同様です。建設業に関連する労災保険の適用、徴収等の通達も数多く発出されているからです。

14　第1章　法律の基礎知識

②については、労災保険率は、徴収法第 12 条第 2 項の規定に基づき同法施行令第 2 条により算定し、徴収則第 16 条第 1 項の規定に基づき「厚生労働省令で定める事業の種類ごと」に厚生労働大臣が定めています。この「事業の種類」は、現在、9 事業 54 種類に分類され、料率は 1000 分の 2.5 から 1000 分の 88 の範囲で定められています。個々の事業がどの「事業の種類」に該当するかは、事業主にとっては保険料負担の観点から非常に重要な事項といえるでしょう。特に、建設業の場合は工事によってその態様が変わるので、労務安全担当者としては適切な対応が必要となってきます。

なお、保険料の算定の基礎となる賃金総額を正確に把握することが困難なものについては、消費税を除く請負金額に厚生労働省令で定める労務費率を乗じて算出した額を賃金総額としています。

さて、建設業の労務安全担当者に関係が深い「事業の種類」は当然「建設事業」となります。その「建設事業」については、次の分類と解釈がなされています。

○　「建設事業」の分類には、請負または直営によって建設工事を施工する事業、およびこれらに附帯して行われる事業が該当する。

○　沈没物の引揚げを行う事業等建設事業の態様をもって行われる事業は「建設事業」に含まれる。

○　建設工事とは、現場で行われる次の工事をいう。

①　建築物、土木施設、その他土地に継続的に接着する工作物、およびこれらに附属する設備を新設、改造、修繕（維持手入れを含む）、解体、除去または移設すること。具体的な事案、運用については、解釈例規である「通達」に基づいている。

②　土地、航路、流路等を改良または造成すること。

③　機械装置を据付け、解体し、または移設すること。

○　上記の事業に附帯して行われる事業とは、当該建設事業に附帯する工事用道路、宿舎、事務所、排土捨場等の建設または骨材の採取等を行う事業をいう。

○　国、地方公共団体等が発注する長期間にわたる工事であって、予算上等の都合により予め分割して発注される工事については、分割された各工事を1つの事業として保険関係を成立させ、当該分割工事を含む工事全体において最終的に完成される工作物により労災保険率を適用する。

○　建設工事の企画、調整、測量、設計、監督等を行う事業、および土木建築業者等が金属、非金属、石灰石および石油または天然ガス等の鉱物を採取するための試掘、坑道掘削、さく井または排土作業を主として請け負って行う事業は、「建設事業」の分類から除かれる。

「建設事業」の「事業の種類」および「事業の種類の細目」を以下に抜粋しましたので参考にしてください。

【事業の種類】（31）水力発電施設、隧道等新設事業

3101　水力発電施設新設事業
水力発電施設の新設に関する建設事業及びこれに附帯して当該事業現場内において行われる事業（発電所又は変電所の家屋の建築事業、水力発電施設新設事業現場に至るまでの工事用資材の運送のための道路、鉄道又は軌道の建設事業、建設工事用機械以外の機械若しくは鉄管の組立て又はすえ付けの事業、送電線路の建設事業及び水力発電施設新設事業現場外における索道の建設事業を除く。）

3102　高えん堤新設事業
基礎地盤から堤頂までの高さ20メートル以上のえん堤（フィルダムを除く。）の新設に関する建設事業及びこれに附帯して、当該事業現場内において行われる事業（高えん堤新設事業現場に至るまでの工事用資材の運送のための道路、鉄道又は軌道の建設事業、建設工事用機械以外の機械の組立て又はすえ付けの事業及び高えん堤新設事業現場外における索道の建設事業を除く。）

16　第1章　法律の基礎知識

> 3103　隧道新設事業
> 隧道の新設に関する建設事業、隧道の内面巻替えの事業及びこれらに附帯して当該事業現場内において行われる事業（隧道新設事業の態様をもって行われる道路、鉄道、軌道、水路、煙道、建築物等の建設事業（推進工法による管の埋設の事業を除く。）を含み、内面巻立て後の隧道内において路面ほ装、砂利散布又は軌条の敷設を行う事業及び内面巻立て後の隧道内における建築物の建設事業を除く。）

【事業の種類】（32）道路新設事業
（3103）隧道新設事業及び（35）建築事業を除く。

> 3201　道路の新設に関する建設事業及びこれに附帯して行われる事業

【事業の種類】（33）ほ装工事業

> 3301　道路、広場、プラットホーム等のほ装事業

> 3302　砂利散布の事業

> 3303　広場の展圧又は芝張りの事業

【事業の種類】（34）鉄道又は軌道新設事業
次に掲げる事業及びこれに附帯して行われる事業（建設工事用機械以外の機械の組立て又はすえ付けの事業を除く。）
（3103）隧道新設事業及び（35）建築事業を除く。

> 3401　開さく式地下鉄道の新設に関する建設事業

> 3402　その他の鉄道又は軌道の新設に関する建設事業

【事業の種類】（35）建築事業（（38）既設建築物設備工事業を除く。）
次に掲げる事業及びこれに附帯して行われる事業（建設工事用機械以外の機械の組立て又はすえ付けの事業を除く。）

> 3501　鉄骨造り又は鉄骨鉄筋若しくは鉄筋コンクリート造りの家屋の建設事業（（3103）隧道新設事業の態様をもって行われるものを除く。）

> 3502　木造、れんが造り、石造り、ブロック造り等の家屋の建設事業

3503　橋りょう建設事業
イ　一般橋りょうの建設事業 ロ　道路又は鉄道の鉄骨鉄筋若しくは鉄筋コンクリート造りの高架橋の建設事業 ハ　跨線道路橋の建設事業 ニ　さん橋の建設事業

3504　建築物の新設に伴う設備工事業（（3507）建築物の新設に伴う電気の設備工事業及び（3715）さく井事業を除く。）
イ　電話の設備工事業 ロ　給水、給湯等の設備工事業 ハ　衛生、消火等の設備工事業 ニ　暖房、冷房、換気、乾燥、温湿度調整等の設備工事業 ホ　工作物の塗装工事業 ヘ　その他の設備工事業

3507　建築物の新設に伴う電気の設備工事業

3508　送電線路又は配電線路の建設（埋設を除く。）の事業

3505　工作物の解体（一部分を解体するもの又は当該工作物に使用されている資材の大部分を再度使用することを前提に解体するものに限る。）、移動、取りはずし又は撤去の事業

3506　その他の建築事業
イ　野球場、競技場等の鉄骨造り又は鉄骨鉄筋若しくは鉄筋コンクリート造りのスタンドの建設事業 ロ　たい雪覆い、雪止め柵、落石覆い、落石防止柵等の建設事業 ハ　鉄塔又は跨線橋（跨線道路橋を除く。）の建設事業 ニ　煙突、煙道、風洞等の建設事業（（3103）隧道新設事業の態様をもって行われるものを除く。） ホ　やぐら、鳥居、広告塔、タンク等の建設事業 ヘ　門、塀、柵、庭園等の建設事業 ト　炉の建設事業 チ　通信線路又は鉄管の建設（埋設を除く。）の事業 リ　信号機の建設事業 ヌ　その他の各種建築事業

【事業の種類】（36）機械装置の組立て又はすえ付けの事業
次に掲げる事業及びこれに附帯して行われる事業

3601　各種機械装置の組立て又はすえ付けの事業

3602 索道建設事業

【事業の種類】（37）その他の建設事業

次に掲げる事業及びこれに附帯して行われる事業

(33) ほ装工事業及び (3505) 工作物の解体（一部分を解体するもの又は当該工作物に使用されている資材の大部分を再度使用することを前提に解体するものに限る。）、移動、取りはずし又は撤去の事業を除く。

3701　えん堤の建設事業　（(3102) 高えん堤新設事業を除く。）
3702　隧道の改修、復旧若しくは維持の事業又は推進工法による管の埋設の事業　（(3103) 内面巻替えの事業を除く。）
3703　道路の改修、復旧又は維持の事業
3704　鉄道又は軌道の改修、復旧又は維持の事業
3705　河川又はその附属物の改修、復旧又は維持の事業
3706　運河若しくは水路又はこれらの附属物の建設事業
3707　貯水池、鉱毒沈澱池、プール等の建設事業
3708　水門、樋門等の建設事業
3709　砂防設備（植林のみによるものを除く。）の建設事業
3710　海岸又は港湾における防波堤、岸壁、船だまり場等の建設事業
3711　湖沼、河川又は海面の浚渫、干拓又は埋立ての事業
3712　開墾、耕地整理又は敷地若しくは広場の造成の事業（一貫して行う (3719) 造園の事業を含む。）
3719　造園の事業
3713　地下に構築する各種タンクの建設事業
3714　鉄管、コンクリート管、ケーブル、鋼材等の埋設の事業
3715　さく井事業
3716　工作物の解体事業
3717　沈没物の引揚げ事業
3718　その他の各種建設事業

Ⅱ　労働保険徴収法　19

【事業の種類】（38）既設建築物設備工事業

3801　既設建築物の内部において主として行われる次に掲げる事業及び
これに附帯して行われる事業（建設工事用機械以外の機械の組立て又は
すえ付けの事業、（3802）既設建築物の内部において主として行われる
電気の設備工事業及び（3715）さく井事業を除く。）
　　イ　電話の設備工事業
　　ロ　給水、給湯等の設備工事業
　　ハ　衛生、消火等の設備工事業
　　ニ　暖房、冷房、換気、乾燥、温湿度調整等の設備工事業
　　ホ　工作物の塗装工事業
　　ヘ　その他の設備工事業

3802　既設建築物の内部において主として行われる電気の設備工事業

3803　既設建築物における建具の取付け、床張りその他の内装工事業

【事業の種類の分類】その他の事業
【事業の種類】（94）その他の各種事業

9416　前各項に該当しない事業

第2章
適用の実務
Q & A

Ⅰ 業務災害

Q 01

建設現場で、材料納入業者の作業員が単独で荷卸し時に被災した場合、材料納入業者の労災保険を適用しますか。それとも建設現場の労災保険でしょうか。

また、建設現場の作業員が荷卸しの補助を行って、その作業員が被災した場合、どちらの労災保険を適用するのでしょうか。

A. 材料納入業者は運輸業に該当し、建設事業に従事しているとはいえず、当該現場内での災害であっても当該現場の労災保険ではなく、納入業者の事業場の労災保険が適用となります。

建設事業が数次の請負によって行われる場合、元請負事業主のみを当該事業の事業主とし（徴収法第8条）、建設事業に該当する仕事で災害が発生した場合は、当該現場の労災保険が適用されます。

ただし、材料の購入の契約条件によっては労災保険の適用が異なります。現場渡しの条件の場合は、現場に卸した材料を受け取る契約のため、荷卸し中の災害は前述の通り材料納入業者の労災保険が適用となります。しかし、車上渡しの条件では、荷解き作業までが材料納入業者の作業となり、荷卸し作業は現場の作業となります。この場合、荷卸し時に材料納入業者が被災したときは、その作業内容や状況により労災保険の適用が異なります。材料納入業者に無言の圧力を掛けたり、指示して荷卸し作業を手伝わせた場合は、当然現場の労災保険が適用されます。

一方、材料納入業者が自己都合により自ら作業を手伝った場合は、材料納入業者の労災保険が適用されると考えられます。

22　第2章　適用の実務Q&A

また、建設現場の作業員が荷卸し時に被災した場合は、原則的に現場の労災保険が適用されます。ただし、材料納入業者から作業員に報酬が支払われている場合は、材料納入業者に雇用されたとみなされ、材料納入業者の労災保険が適用されます。

Q02 土工事の2次下請運搬業者のダンプ（緑ナンバー）の運転手が、現場入場前、路上待機中に、あおりのグリスアップをしようとダンプの梯子を登っていたところ、高さ1.5mの位置からバランスを崩してしまい、両足のかかとから着地して怪我をしてしまいました。この場合、労災保険の適用はどうなりますか。

A. 一般的には2次下請運搬業者の貨物取扱事業の労災保険が適用されます。

以下、設問に関係する通達が発出されています。

建設工事における廃土等の輸送の事業（昭40.2.17基発第172号）

1　建設工事を行っている事業の事業主が、廃土等の輸送も併せ行っている場合には、建設工事の保険関係に含めて取り扱うこと。

なお、下請人が土砂等の掘さく作業と、廃土等の輸送とを一括して下請している場合についても、上記により取り扱うこと。

2　貨物取扱事業として保険関係の成立している事業が、建設工事における廃土等の輸送を行っている場合には、当該保険関係に含めて取り扱うこととし、当該輸送を業として常時行う事業で保険関係の手続がされていないものについては、新たに貨物取扱事業として保険関係を成立させること。

I　業務災害　23

設問のケースでは、2次下請運搬業者が建設業として労災保険を成立させていれば、通達の1のケースとして現場の労災保険が適用になります。

通達の2のケースのように下請業者が貨物取扱事業として労災保険を成立させていれば、運送業は建設事業ではないので、2次下請運搬業者の労災保険が適用されます。いずれにしても、下請の労災保険の成立内容について注意が必要です。

Q03
型枠パネルを現場より離れた下請大工の工場で加工をして現場にトラックで運ぶ途中に運転手が怪我をしました。労災保険の適用はどうなりますか。

A. 運転手がどこの事業所の所属であるかと、現場への運搬をどこが行ったかが問題点です。

　現場に配属された運転手が、工場に型枠パネルを取りに行き、その行き帰りで怪我をした場合は、現場から工場への出張とみることができますので、元請の労災保険が適用されます。

　運転手が工場の所属の者である場合は、その工場の労災保険が適用されると考えられます。

　次に、下請大工のトラックで元請の現場に搬送することを下請が請け負った工事の一環とみなして元請の労災保険を適用するか、製品の納入とみなして下請工場の労災保険を適用するかが問題となります。

　今回の場合は、【建設工事における廃土等の輸送の事業】（昭40. 2.17 基発第 172 号、Ｑ２参照）「1　建設工事を行っている事業の事業主が、廃土等の輸送も併せ行っている場合には、建設工事の保険関係に含めて取り扱うこと。」に基づき請負契約に伴う運搬は元請の労災保険を適用するとされました。しかし、この行政通達は、廃土等について発せられたものですので、個別案件については労基署と相談して対応することが必要です。

　この搬送を「貨物取扱事業」者に依頼した場合は、運送契約の仕事は建設の事業に該当しないので、「貨物取扱事業」者の労災保険が適用されることになると考えられます。

I　業務災害　　25

Q04 現場で使用しているバックホーが旋回中、作業員にバケットを接触させ、怪我をさせてしまいました。保険の適用、処理の方法を教えてください。

A. バックホーは自動車損害賠償責任保険（自賠責保険）がかけられていますので、自賠責保険を優先して使用し、不足分を労災保険で対応します。

バックホーは、自動車の定義「原動機により陸上を移動させることを目的として製作した用具」（自賠法第2条第1項、道路運送車両法第2条第2項）に該当しますので、この車両を保有する者は自賠責保険に加入しなければなりません（自賠法第5条）。よって、バックホーを使用して、第三者（他の作業員）に怪我を負わせれば、被災者は自賠責保険を請求することができます。

また、業務中の災害ですから、労災保険へも請求が可能です。このような場合、実務では自賠責保険から先に補償を受ける取扱いとなっています。いわゆる、自賠責先行の考えです（昭41.12.16基発第1305号）。しかし、自賠責先行は強制ではありませんので、最初から労災保険へ請求することもできます。

設問では、第三者行為災害ですから、「第三者行為災害届」を労基署へ提出する必要があります。

【第三者行為災害】

労災保険は、業務上の事由または通勤による労働者の傷病等に対して所定の給付等を行うことを目的としていますが、これらの災害の中には、通勤途中に交通事故に遭ったり、仕事で道路を通行中に建設現場から飛来した物に当たり負傷するなどの災害もあります。

このように、労災保険関係にある当事者（政府、事業主および労災保険の受給権者）以外の方（これを「第三者」といいます）による不

26　第2章　適用の実務Q&A

法行為などにより労働者が業務災害または通勤災害を被った場合の災害を労災保険制度上、「第三者行為災害」と呼んでいます。

自動車損害賠償責任保険と労災保険との支払事務の調整について
（昭 41.12.16 基発第 1305 号、平 8．3．5 基発第 99 号）

　標記については、昭和 34 年 8 月 26 日付基発第 592 号通達及び昭和 35 年 11 月 2 日付基発第 933 号により取り扱ってきたところであるが、今般、自動車損害賠償保障法、同施行令並びに労働者災害補償保険法が改正されたことを機会に、調整事務の円滑化をはかるため、関係機関と協議の上、従来の取扱いを下記のとおり改めることとしたので、事務処理に遺憾のないよう期せられたい。なお、上記通達による取扱いで下記取扱にてい触しないものは、従来の通りであること。

記

1　給付事務の先後の調整について

　労災保険の給付と自賠保険の損害賠償額の支払との先後の調整については、給付事務の円滑化をはかるため、原則として自賠保険の支払を労災保険の給付に先行させるよう取り扱うこと。

2　〈削除〉

3　自賠保険よりの照会について

　自賠保険に対する求償に関して、自賠保険の調査事務所より災害発生状況等応償事務上必要なものについて照会をうけた場合には、自賠保険に協力して応償上の便宜をはかること。

I　業務災害　　27

4 〈削除〉

5 自賠保険との協議について

自賠保険と労災保険について、管轄店又は調査事務所との間に問題が生じた場合には、具体的事情を具し、本省労働基準局長あて連絡すること。

6 自賠保険の査定基準

別添（略）

7 〈削除〉

Q05
不法就労の外国人作業員が現場で怪我をしたとき、労災保険は適用されますか。

A. 外国人労働者を雇用した場合も日本の労働関係法令が適用されます。

　外国人の不法就労等に係る対応について、以下の通り通達（昭63.1.26基発第50号・職発第31号）が発出されています。

　「職業安定法、労働者派遣法、労働基準法等関係法令は、日本国内における労働であれば、日本人であると否とを問わず、また、不法就労であると否とを問わず適用されるものである（以下、略）」。

　これは、日本の労働・社会保険関係法が、人種・国籍に関係なく、日本国内の雇用労働者を対象とする「属地主義」をとっているからで、労災保険も被保険者である労働者の国籍や入管法上の在留資格等を適用要件としないからです。

　また、不法就労者が怪我をし、これを適正に扱わなかったとして摘発、送検された事例もありますので注意してください。

　建設現場で働くことができる外国人は、次の通りです。

① 留学生で「資格外活動許可書」を受けている場合、1週28時間以内（長期休業期間中は1日8時間以内）。

② 在留資格が「永住者」「日本人の配偶者等」「永住者の配偶者等」「定住者」となっている外国人（日系二世三世の方は「日本人の配偶者等」または「定住者」に該当します）は、就労制限なし。

③ 技能実習生

※技能実習制度の詳細は弊社刊「建設業における外国人技能実習制度と不法就労防止（第3版）」をご参照ください。

I　業務災害　　29

外国人の不法就労等に係る対応について（昭 63. 1.26 基発第 50 号・職発第 31 号）

　我が国では、就労を目的として日本に入国しようとする外国人については、日本人では代替できない技術・技能を活かして就職しようとする者、熟練労働者等については入国・在留を認めている一方、従来から、単純労働者については、原則として受入れを行わないという方針をとっている。具体的には、出入国管理及び難民認定法（昭和 26 年政令第 319 号、以下「入管法」という。）に基づき外国人労働者の入国・在留管理が行われているが、最近、観光客等を装って我が国に入国して不法に就労する外国人の著しい増加が指摘されているところである。このような外国人の不法就労の増加は、もとより国内の雇用失業情勢や労働条件に悪影響を及ぼす要因となりかねないものであり、不法就労者に関する職業安定法、労働者派遣法、労働基準法等労働関係法令違反の事案も見られ始めており、その対応も急務となっている。

　ついては、職業安定機関及び労働基準監督機関においても、別紙「外国人の就労に係る出入国管理制度上の取扱い」を御了知頂いた上、下記による対処方につき遺憾のないよう特段の御配意をお願いする。

記

1　労働関係法令違反がある場合の対処

（1）　職業安定法、労働者派遣法、労働基準法等労働関係法令は、日本国内における労働であれば、日本人であると否とを問わず、また、不法就労であると否とを問わず適用されるものであるので、両機関は、それぞれの事務所掌の区分に従い、外国人の就

労に関する重大悪質な労働関係法令違反についても情報収集に努めるとともに、これら法違反があった場合には厳正に対処すること。

さらに、これら違反事案において、資格外活動、不法残留（別紙2（2）、（3）参照）等入管法違反に当たると思われる事案が認められた場合には、出入国管理行政機関にその旨情報提供すること。

（2）　前記のほか、業務遂行にあたって、資格外活動、不法残留等入管法違反に当たると思われる事案を承知した場合には、本来の行政目的に十分留意しつつ、事業主等関係者に対する注意喚起、指導等を行うほか、必要に応じ、出入国管理行政機関に情報提供するなど適切な対処に努めること。

（3）　前記（1）及び（2）に言う出入国管理行政機関への情報提供は、職業安定機関でとりまとめの上行うものとすること。

2　関係団体への周知、協力要請等

（1）　外国人の不法就労を防止する観点から、事業主や事業主団体等関係団体に対し、各種の説明会、懇談会、集団指導等の場を通じ、我が国の外国人労働力政策及び外国人の就労に係る出入国管理制度上の取扱い、労働関係法令の外国人への適用関係について周知すること。さらに、必要に応じ、資格外活動等入管法違反に当たる外国人の雇入れ又はこれに係る需給調整等を行わないよう協力を要請すること。

（2）　外国人の就労に係る取扱い等について照会を受けた場合には、可能な範囲内で必要な情報提供に努めるほか、出入国管理行政機関を紹介するなど適切な対応に努めること。

Ⅰ　業務災害　　31

3 定着居住者等への配慮等

外国人の就労に関する業務を遂行するに当たっては、外国人の人権尊重に十分配慮すべきであること。また、適法な来日外国人の就労について、その権利を不当に侵害するような結果をもたらすことのないよう、十分留意すること。

さらに、職業安定機関に、職業紹介、職業指導等については、職業安定法第3条に基づき、国籍を理由としてその取扱いを差別してはならないことは言うまでもない。特に定着居住者及び日本人の配偶者等（別紙3（1）に示す者）については、日本国内での適法な活動・就業に制限はないので、逆にこれらの者に対する職業分野での差別の問題を招来することのないよう十分配慮すること。

〔別紙〕

外国人の我が国在留中の就業に係る出入国管理及び難民認定法上の取扱い

1 出入国管理及び難民認定法（昭和26年政令第319号、以下「法」という。）に基づき、我が国に在留（滞在）する外国人は、入国（上陸）の際に与えられたそれぞれの在留資格の範囲内でのみ在留中の活動が認められており、また、その在留は、在留資格に応じて定められた在留期間内に限られる（法第4条第1項・第2項（現行の法第2条の2））。ただし、終戦前から引き続き我が国に居住している朝鮮半島・台湾出身者、永住者等一部の者については、日本国内での適法な活動に制限はない。

（以下略）

建設関係技能実習 2 号移行対象職種（22 職種 33 作業）

職種名	作業名
さく井	パーカッション式さく井工事作業
	ロータリー式さく井工事作業
建築板金	ダクト板金作業
	内外装板金作業
冷凍空気調和機器施工	冷凍空気調和機器施工作業
建具製作	木製建具手加工作業
建築大工	大工工事作業
型枠施工	型枠工事作業
鉄筋施工	鉄筋組立て作業
と び	とび作業
石材施工	石材加工作業
	石張り作業
タイル張り	タイル張り作業
かわらぶき	かわらぶき作業
左 官	左官作業
配 管	建築配管作業
	プラント配管作業
熱絶縁施工	保温保冷工事作業
内装仕上げ施工	プラスチック系床仕上げ工事作業
	カーペット系床仕上げ工事作業
	鋼製下地工事作業
	ボード仕上げ工事作業
	カーテン工事作業
サッシ施工	ビル用サッシ施工作業
防水施工	シーリング防水工事作業
コンクリート圧送施工	コンクリート圧送工事作業
ウェルポイント施工	ウェルポイント工事作業
表 装	壁装作業
建設機械施工※	押土・整地作業
	積込み作業
	掘削作業
	締固め作業
築炉	築炉作業

注 1 ※の職種は JITCO 認定職種
注 2 ほかに建設に関係するものとして、塗装職種に「建築塗装作業」と「鋼橋塗装作業」の 2 作業がある。

I 業務災害 33

Q 06 ガードマン（警備員）が材料の片付けを手伝っている（担当業務外）時に怪我をした場合の、労災保険の適用を教えてください。

A. ガードマンが警備作業中に怪我をすれば、警備会社の労災保険を適用し、契約以外の作業で怪我をすれば、現場の労災保険を適用します。

警備会社との契約内容が「出入り口での車両の誘導」の場合、出入り口付近の掃除・片付けであれば、建設事業に該当しない警備員の契約に含まれる業務としてとらえ、怪我をすれば業務災害となり、警備会社の労災保険を適用するのが妥当だと考えられます。

平成 11 年 10 月 4 日に関係する通達が発出されています。

建設現場の警備業に係る労働保険の適用について（平 11.10. 4 労徴発第 85 号、事務連絡）

1 警備業者が建設業者からの委託を受け警備の作業に従事するという事業にあっては、当該警備業者の保険関係により事務処理を行うものであること。

　具体的には、契約書等の文言にとらわれることなく、建設現場において警備の作業に従事することを目的とする警備業者と建設業者との間で結ばれる契約は原則として「委託」と判断し、警備業者の保険関係により事務処理を行うこと。

2 警備業者と建設元請業者との契約内容の実態が、労働保険の保険料の徴収等に関する法律第 8 条の請負関係にあたるものと判断される例外的な場合については、当該建設の事業における保険関係により事務処理を行うものであること。

3　なお、警備業者の警備員が建設業者の建設作業員と一体となり、建設作業に従事し、建設事業の中に組み込まれたものと評価しうる実態にある等の場合にあっては、当該建設の事業の保険関係が適用されるものであること。

Q07
本社の社員が現場に打合せに行き、現場内で怪我をした場合、労災保険の適用はどうなりますか。また、現場の社員が研修中に怪我をした場合はどうなりますか。

A. 現場への出張業務になりますので、本社の労災保険が適用されます。

現場の社員が研修に参加して、研修会場で怪我をした場合も、現場からの出張とみる方が妥当です。当該現場の労災保険が適用されることになります。

参加者は研修会場に集められ研修を受けるため、現場所長の指揮下から離れることになりますが、日常の業務でも終日所長の指揮下にあるとは限りません。また「外出」「出張」の場合も所長の指揮下を離れますので、所長は安全管理上の指揮を物理的にとることはできません。

これと同じく、研修は現場所長の指揮下にない場所における災害だからといっても、現場に関係がないということにはならないと考えられます。また、参加者は会社の命によって各現場に配属されています。そして労災保険の適用は現場ごとに、そこに働く労働者全員を対象にしており、災害発生の場所が現場の内であろうと外であろうと、当該事業の業務遂行中である限り、当該現場の災害として扱うことになっています。したがって、研修会場で怪我をした場合でも被災者の所属現場の労災保険が適用されると考えられます。

Q 08 タワークレーンのオペレーターが、クレーンの昇降階段で足を滑らせ受傷しました。この場合、適用される労災保険は、建設現場の労災保険でしょうか、それともクレーン会社のものでしょうか。

また、タワークレーンが故障したため、メーカーに修理を依頼したところ、その修理中にメーカー作業員が受傷した場合はどうでしょうか。

A. 設問より、クレーンにかかる災害の労災保険の適用について整理してみます。

1 クレーンがオペレーター付き賃貸借契約の場合

この場合、契約の内容が工事の完成ではなく、クレーンの賃貸借契約（リース契約）である限り、クレーン賃貸業者の労災保険が適用されると考えられます。

以下の関係通達が発出されていますので参考にしてください。

建設機械（運転員付）賃貸業（抄）（昭 35. 1.12 基収第 3202 号）

1 　運転員付機械賃貸借契約関係において、一定の工事を完成することについての法律上の義務を負担するものでなければ、請負により工事が行われるとはいえないから、労災保険法第8条第1項（現行の徴収法第8条第1項）の規定は適用されない。

2 　現場における運転作業は、独立した一個の事業として扱うには十分ではないから、機械賃貸借契約による派遣運転員の労災保険の適用は賃貸会社の出張作業とする。

3 　請け負った工事の施工のため機械賃貸事業に所属する運転員が派遣された場合は、工事現場の保険が適用される。

Ⅰ　業務災害　　37

> **建設機械等の賃貸とその運転業務を併せ行う事業に係る労災保険率の適用について（抄）（昭 61. 3 .25 発労徴第 13 号・基発第 163 号）**
>
> イ　建設事業以外の事業に対しては、当該賃貸先事業に係る労災保険率を適用すること。
>
> ロ　賃貸先事業が建設業である場合は、従来通り（昭 35. 1 .12 基収第 3202 号）取り扱うこと。すなわち、継続事業として取り扱い、「37　その他の建設業」の労災保険率を適用する。

　なお、実際にタワークレーンに関し、運転員付賃貸借契約を締結する場合、オペレーターの労災保険の成立に関し、念のためクレーンの賃貸会社に確認してください。

　クレーンの賃貸会社によっては、見積条件に「労災は貴社の現場労災保険を適用願います。」とするものがあります。

2　クレーン作業が他の下請工事の一部を構成するとき

　工事を請け負った下請業者が、クレーン作業を自社の作業員に委ね請け負った工事を行う場合があります。これは、下請工事の一環の作業とみなされ、災害が発生した場合は元請の労災保険が適用されると考えられます（徴収法第 8 条「請負事業の一括」）。

　根拠条文の趣旨は次の通りです。

　「建設事業にあっては、元請負人が請け負った工事の一部を下請負人に請け負わせるのが一般的である。労災保険では、この下請負人までを含めたものを一の事業とみなし、元請負人のみをその事業主とする」。

3　タワークレーンの修理中にメーカー作業員が受傷した場合の労災保険の適用

　クレーンの修理や点検等は請負とはみなされないため、出張業務として、メーカーの継続事業に係る労災保険が適用されると考えられます。

　ただし、大規模な修理は現場の労災とみなす考え方もあるようですので、疑義があるときは、発生状況、契約関係書面等々を用意し、所轄の労基署へ相談してください。

Q 09 派遣社員が現場内で怪我をした場合の、労災保険の適用について教えてください。

A. 派遣労働者であっても、業務に従事する際に、事業主の指揮・命令を受け、その支配・管理下にあることは変わりがありませんので、当然、労災保険の適用対象である「労働者」となります。通達（昭61.6.30基発第383号）では、労働者派遣事業に対する労働保険の適用については、派遣元事業主の事業が適用事業になるとしています。その理由として、

① 派遣元事業主は、派遣労働者の派遣先を任意に選べる立場にあり、災害が発生した派遣先事業主との間で派遣契約を締結した責任がある。

② 派遣元事業主は、派遣労働者の雇用主として派遣労働者の安全衛生に配慮する責任がある。

③ 労基法の規定（休業中の解雇制限等）から、労働契約の当事者である派遣元事業主に災害補償責任がある。

などがあげられています。

「建設業務（土木、建築その他工作物の建設、改造、保存、修理、変更、破壊若しくは解体の作業又はこれらの作業の準備の作業に係る業務をいう。）」については「労働者派遣事業の適正な運営の確保及び派遣労働者の保護等に関する法律（労働者派遣法）」（第4条第1項第2号）により労働者派遣が禁止されているので、注意が必要です。

また、平成16年3月1日から施行された労働者派遣法の改正に伴い、派遣労働者が派遣中に労働災害等により死亡し、または休業したときは、派遣元事業主と派遣先事業主が、それぞれ「労働者死傷病報告」を作成し、それぞれが労基署に提出しなければならなくなりましたので注意してください。

ただし、現場で行う施工管理の業務、事務の業務はここでいう建設業務に該当せず、労働者派遣ができると解されています。

　なお、出向社員の労災保険の適用についてはＱ10を参照してください。

Q10 出向契約を結んでいる出向社員が現場で怪我をしました。この場合、出向元事業主の労災保険か出向先事業主の労災保険か、どちらが適用されますか。

A. 出向先事業主の指揮監督を受けて労働に従事している場合には、出向先事業主の労災保険が適用されます。

出向契約は出向元事業主と出向先事業主との間で締結するもので、労働者は出向先・元の両方と労働契約関係にあります。「出向元」では休職という扱いとなりますが、出向中も出向元が賃金の支払義務を負う場合があります。

出向労働者に対する労災保険法の適用に関する通達に、下記のものがあります。

出向労働者に対する労災保険法の適用について（昭 35.11. 2 基発第 932 号）

ある事業（以下「出向元事業」という。）に雇用される労働者（以下「出向労働者」という。）が、その雇用関係を存続したまま、事業主の命により、他の事業（以下「出向先事業」という。）の業務に従事する場合における労災保険法（以下「労災保険法」という。）の適用は、下記のとおりとするので、関係事業主に対し、この旨指導されたい。

記

1　出向労働者に係る保険関係について

出向労働者に係る保険関係が、出向元事業と出向先事業とのいずれにあるかは、出向の目的及び出向元事業主と出向先事業主とが当該出向労働者の出向につき行った契約ならびに出向先事業における出向労働者の労働の実態等に基づき、当該労働者の労働関

42　第 2 章　適用の実務Q＆A

係の所在を判断して、決定すること。

　その場合において、出向労働者が、出向先事業の組織に組み入れられ、出向先事業場の他の労働者と同様の立場（ただし、身分関係及び賃金関係を除く。）で、出向先事業主の指揮監督を受けて労働に従事している場合には、たとえ、当該出向労働者が、出向元事業主と出向先事業主と行った契約等により、出向元事業主から賃金名目の金銭給付を受けている場合であっても、出向先事業主が、当該金銭給付を出向先事業の支払う賃金として、労災保険法第 25 条＜徴収法第 11 条第 2 項参照＞に規定する事業の賃金総額に含め、保険料を納付する旨を申し出た場合には当該金銭給付を出向先事業から受ける賃金とみなし、当該出向労働者を出向先事業に係る保険関係によるものとして取り扱うこと。

2　上記 1 の後段に係る事務取扱

（1）保険料の納付について

　出向元事業主が、出向先事業主との契約等により、出向労働者に対して支払う賃金名目の金銭給付を、出向先事業に関する労災保険法第 25 条＜徴収法第 11 条第 2 項参照＞に規定する賃金総額に含めたうえ、保険料を算定し、納付させること。

（以下略）

Ⅰ　業務災害　　43

Q11 元請の現場近くに事務所を構え、当該作業所をメインに複数の現場を担当していた専門工事業者の社員が、過重労働により脳卒中で倒れました。この場合、労災保険の適用は元請、専門工事業者のどちらになるのですか。

A. 専門工事業者社員が脳卒中で倒れた場合、通常では、過重労働による脳卒中であるか否かを、①異常な出来事に遭遇したか、②過重な業務に就労したか、をもとに労基署が認定します。業務起因性が認められ、また、特定の現場での作業が過重労働と認められれば、当該現場の元請の労災保険が適用されると考えられます。

しかし、メインとする作業所があっても複数の現場を担当している場合は、たとえメインの元請現場近くに事務所を構えていたときでも、そこを専門工事業者の出先ととらえて、専門工事業者の労災保険を適用するのが妥当と考えられます。

Ⅱ 通勤災害

Q12

現場職員が現場から電車にて帰宅途中、気分が悪くなったため途中下車して風通しのよいところで休息を取ろうとしたところ、途中下車した駅の階段で転倒し受傷しました。このような場合、労災保険の取扱いはどうなりますか。なお、下車駅は普段の通勤では電車で通過する駅です。

A.

勤務先（現場）から帰宅途中の受傷ですので、労災保険の給付がなされる「通勤災害」に該当するか、という問題ですが、労災保険法の条文を厳格に適用すると、設問の場合は、通勤経路を外れた場所での受傷ですから〝該当しない〟ということになります。しかし、満員電車で換気が悪いことが原因で気分が悪くなったとすれば、この転倒は「通勤に伴う危険と因果関係がある」と考える余地があるのではないか、また、途中下車して駅外でしばらく休憩する行為は、通勤の逸脱または中断に該当しない「ささいな行為」に該当するのではないか、とも考えられます。ただし、設問のような事例の行政解釈はないようですので、実際にこのような事案が発生した場合には、所轄の労基署へ相談してください。

昭和48年の法改正で、労災保険法において「労働者の通勤による負傷、疾病、障害又は死亡（以下「通勤災害」という。）（労災保険法第7条第1項第2号）」に関し、「業務災害」と同等の保険給付がなされることとなりましたが、通勤については次のように定義されています。

【通勤】

「前項第２号の通勤とは、労働者が、就業に関し、住居と就業の場所との間等を、合理的な経路及び方法により往復することをいい、業務の性質を有するものを除くものとする（労災保険法第７条第２項）。

労働者が前項の往復の経路を逸脱し、又は同項の往復を中断した場合においては、当該逸脱又は中断の間及びその後の同項の往復は、第１項第２号の通勤としない。ただし、当該逸脱又は中断が、日常生活上必要な行為であって厚生労働省令で定めるものをやむを得ない事由により行うための最小限度のものである場合は、当該逸脱又は中断の間を除き、この限りでない（労災保険法第７条第３項）。」

「通勤による」とは、通勤と相当因果関係があること、つまり通勤に通常伴う危険が具体化したことをいうのであり、業務災害の業務起因性に相当する考え方です。これは、例えば、通勤途上自動車にひかれるといった交通事故が典型ですが、乗車していた電車・バスが急発進・急停車したり揺れたりしたための転倒や、乗降駅や乗換駅の階段からの転落等、一般に通勤の途中で発生した災害は通勤によるものと認められます。途中駅での転倒でも、例えば、満員電車の扉付近に立っていて、降車する乗客に巻き込まれて途中駅のホーム上に転倒したといった場合は、通勤災害になると考えられます。

更に、出勤途中に野犬にかまれて負傷した場合や、女性労働者が、夜遅い時間に、暗く人通りの少ない場所を通勤しなければならない場合において、ひったくりや暴漢に襲われて負傷することは、通勤に通常伴う危険が具体化したものとして、労災保険が適用されています。

しかし、通勤の往復の経路を逸脱したり中断した場合、その逸脱・中断中はもとより、その後に通常の通勤経路に戻っても、通勤とはならず、労災保険の適用はありません。

「『逸脱』とは、通勤の途中において就業又は通勤とは関係のない目

的で合理的な経路をそれることをいい、『中断』とは、通勤の経路上において通勤とは関係のない行為を行うことをいう。逸脱、中断の具体的例をあげれば、通勤の途中で麻雀を行う場合、映画館に入る場合、バー、キャバレー等で飲酒する場合、デートのため長時間にわたってベンチで話しこんだり、経路から外れる場合がこれに該当する。

しかし、労働者が通勤の途中において、経路の近くにある公衆便所を使用する場合、帰途に経路の近くにある公園で短時間休息する場合や、経路上の店でタバコ、雑誌等を購入する場合、駅構内でジュースの立飲みをする場合、経路上の店で渇をいやすためごく短時間、お茶、ビール等を飲む場合、経路上で商売している大道の手相見、人相見に立寄ってごく短時間手相や人相をみてもらう場合等のように労働者が通常通勤途中で行うようなささいな行為を行う場合には、逸脱、中断として取り扱う必要はない。(以下略)」(昭48.11.22基発第644号、平3．2．1基発第75号)。

設問の事例は、この「帰途に経路の近くにある公園で短時間休息する場合」に該当し、通勤災害と考える余地があるのではないかと考えます。

なお、「当該逸脱または中断が、日常生活上必要な行為であって厚生労働省令で定めるもの」は、次の通りです(労災保険則第8条)。

1　日用品の購入その他これに準ずる行為

2　職業訓練、学校教育法第1条に規定する学校において行われる教育その他これらに準ずる教育訓練であって職業能力の開発向上に資するものを受ける行為

3　選挙権の行使その他これに準ずる行為

4　病院又は診療所において診察又は治療を受けることその他これに準ずる行為

5 要介護状態にある配偶者、子、父母、孫、祖父母及び兄弟姉妹並びに配偶者の父母の介護（継続的に又は反復して行われるものに限る。）

　退勤途上に惣菜等を買おうとマーケットに立ち寄った場合において、マーケット内で受傷したときはもとより退勤経路を外れてマーケットへ向かう往復途中の受傷は通勤災害になりませんが、その後退勤の経路に復した以降の受傷は通勤災害となります。なお、出退勤の途中、理・美容のため理髪店または美容院に立ち寄る行為は、特段の事情が認められる場合を除き、「日用品の購入その他これに準ずる日常生活上必要な行為」に該当するものとされています（昭58．8．2基発第420号）。

　労災保険則第8条第5号（親族の介護）は平成20年4月の改正で追加されたもの（平成29年4月には、孫、祖父母、兄弟姉妹に関する「同居・扶養」要件が削除されました）ですが、「他に子供を監護する者がいない共稼労働者が託児所、親せき等にあずけるためにとる経路などは、そのような立場にある労働者であれば、当然、就業のためにとらざるを得ない経路であるので、合理的な経路となるものと認められる。」（昭48.11.22基発第644号、平3．2．1基発第75号）とされ、通勤途上に子供を送迎せざるを得ない場合は、その送迎のための回り道等も含めた経路が「合理的な経路」となります。

Q13 単身赴任で建設現場宿舎に寝泊りし、月に1回から2回、自宅に帰る職員がいます。この職員が、帰省途中、交通事故にあった場合は通勤災害の適用がありますか。

A. 通勤災害の適用があると考えられます。

通勤災害とは、「労働者の通勤による負傷、疾病、障害又は死亡」となっています（労災保険法第7条第1項第2号）。

また、通勤とは、

「労働者が、就業に関し、次に掲げる移動を、合理的な経路及び方法により行うことをいい、業務の性質を有するものを除くものとする。

1　住居と就業の場所との間の往復

2　厚生労働省令で定める就業の場所から他の就業の場所への移動

3　第1号に掲げる往復に先行し、又は後続する住居間の移動（厚生労働省令で定める要件に該当するものに限る。）」

となっています（労災保険法第7条第2項）。

そして「労働者が、前項各号に掲げる移動の経路を逸脱し、又は同項各号に掲げる移動を中断した場合においては、当該逸脱又は中断の間及びその後の同項各号に掲げる移動は第1項第2号の通勤としない。ただし、当該逸脱又は中断が、日常生活上必要な行為であって厚生労働省令で定めるものをやむ得ない事由により行うための最小限度のものである場合は、当該逸脱又は中断の間を除き、この限りでない」とされています（労災保険法第7条第3項）。

このように、通勤災害の基本は「住居」と「就業場所」の移動時における災害となります。「住居」とは、労働者が生活する拠点となるところです。

通達（平18.3.31基発第0331042号）では、「赴任先住居から帰省先住居への移動の場合であるが、実態等を踏まえて、業務に従事し

Ⅱ　通勤災害　　49

た当日又はその翌日に行われた場合は、就業との関連性を認めて差し支えない」としています。また、「当該帰省先住居への移動に反復・継続性が認められることが必要」とされています。ここでの反復・継続性の基準は、おおむね月1回以上と考えられています。ただし、この間の移動の経路を逸脱し、または移動を中断した場合には、その内容や状況により通勤災害か否かが判断されるので注意が必要です。

【複数就業者の事業所間移動・単身赴任者の住居間移動について】

通勤災害保護制度では、労災保険の適用事業に雇用される労働者が、通勤途上で災害にあった場合に、業務災害（業務中の災害）の場合と同内容の保険給付が行われています。

従来、「通勤」とは、労働者が就業に関し、住居と就業の場所との間を、合理的な経路および方法により往復することとされていましたが、平成18年4月1日から、次に記す1、2の移動も保険給付を受けられる「通勤」となっています。

1 複数就業者の事業場間移動（労災保険法第7条第2項第2号関係）

2カ所の事業場で働く労働者が、1つめの就業の場所で勤務を終え、2つめの就業場所へ向かう途中に災害にあった場合、通勤災害となります（3カ所以上の事業場で働く方についても同様）。

なお、通勤災害に関する保険給付請求書の事業主の証明は、当該事業場間の終点たる事業場において、労務の提供を行うために行われる通勤であると考えられ、終点たる事業場となります。

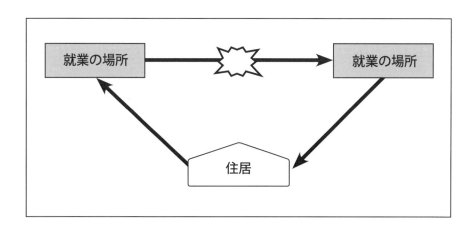

2　単身赴任者の住居間移動（労災保険法第7条第2項第3号関係）

　従来、単身赴任者等（転任に伴い、転任直前の住居から転任直後の就業の場所に通勤することが困難となったため住居を移転し、やむを得ない事情により、同居していた配偶者等と別居している労働者）の通勤災害の取扱いについては、赴任先事業場から一旦赴任先住居に戻り、その後、帰省先住居に移動する場合や、その逆の場合の帰省先住居から赴任先住居との間の移動については、「就業の場所」と「住居」との間の移動ではないため、通勤災害保護制度の対象には含まれていませんでした。

　しかし、平成18年の法改正で、赴任先住居と帰省先住居との間を移動している途中に災害にあった場合も、通勤災害になることとされました。

　ただし、この住居間移動には、反復・継続性が必要とされ、原則として、おおむね月1回以上の往復行為を行っている場合をいいます。また、赴任先住居から帰省先住居への場合は勤務日当日またはその翌日の移動、帰省先住居から赴任先住居への場合は勤務日当日または前日の移動（交通機関の状況で例外あり）において、就業との関連性を認めて差し支えないとされています。

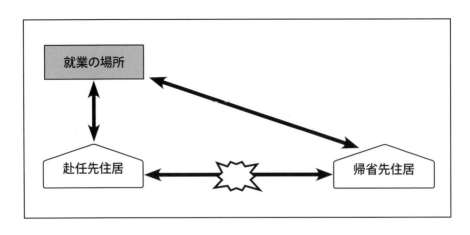

Q14

建設現場への赴任を命ぜられ、赴任途上に交通事故にあった場合、業務上の災害になりますか。それとも、通勤災害ですか。また、労災保険での補償についても教えてください。

A.

赴任途上における交通事故については、一定の条件を満たす場合は業務上災害になります。

業務上災害は、業務に起因した災害であり、業務上の認定のためには業務起因性の確認が必要となりますが、赴任途上の災害については、通達（平3.2.1基発第75号）が示されており、これにより業務上か否かの判断がなされます。通達では、赴任途上における災害のうち、次の条件を全て満たす場合には業務上災害として取り扱うとしています。

1　新たに採用された労働者が、採用日以後の日において、その採用に伴う移転のため住所若しくは居所から採用事業場等に赴く途上又は転勤を命ぜられた労働者が、その転勤に伴う移転のため転勤前の住居地等から赴任先事業場等に赴く途上に発生した災害であること。

2　赴任先事業主の命令に基づき行われる赴任であって社会通念上合理的な経路及び方法による赴任であること。

3　赴任のために直接必要でない行為あるいは恣意的行為に起因して発生した災害でないこと。

4　当該赴任に対し赴任先事業主より旅費が支給される場合であること。

また、住居地または赴任元事業場から、赴任先事業場所属の社宅等へ赴く場合、移転先住居の都合によりホテル等へ赴く場合、または直

Ⅱ　通勤災害　53

接赴任先事業場へ赴く場合も赴任途上とされています。

　よって、設問の交通事故が上記の条件を満たしていれば、赴任先事業場の業務上災害として取り扱われます。

　なお、労災保険法上では、業務上災害、通勤災害とも補償内容は同じで、休業4日目から休業補償が受けられます。ただし、業務上災害の場合のみ最初の3日間について、労基法第76条により、平均賃金の6割以上を事業主は補償する義務があり、休業期間中は被災者を解雇することはできないことになっています。

Q15 現場近くで寮生活をしている社員が現場で就業後、寮に戻らず、車で1時間の場所にある実家に帰りました。翌朝、実家より現場近くの寮にバイクで向かっていたところ、車と接触事故を起こし、負傷しました。この場合、労災保険の適用はどうなりますか。また、実家より直接現場に向かっていた場合と併せて教えてください。

A. 一般的には、「寮」を「住居」とし、実家に帰ったことは本人の都合で通勤経路を逸脱したとみなされて、通勤災害扱いの対象にはなりません。

しかし、「当該往復行為に反復・継続性が認められ、自宅を本人の生活の本拠地とみなし得る合理的な理由」の考えから、「車で1時間の実家」が本人の生活の本拠地とみなし得る合理的な理由があれば、寮に向かっている途中も、直接現場に向かっている途中も通勤災害とみなされます。「通勤災害」にかかる文言の解釈・通達については、Q12を参照してください。

「住居」についての考え方は以下の通りです。

【住居】

「住居とは、労働者が居住して日常生活の用に供している家屋等の場所で、本人の就業のための拠点となるところを指すものである。したがって、就業の必要性があって、労働者が家族の住む場所とは別に就業の場所の近くに単身でアパートを借りたり、下宿をしてそこから通勤しているような場合は、そこが住居である。さらに通常は家族のいる所から出勤するが、別のアパート等を借りていて、早出や長時間の残業の場合には当該アパートに泊り、そこから通勤するような場合には、当該家族の住居とアパートの双方が住居と認められる。」（昭48.11.22基発第644号）とされています。

II　通勤災害　55

Q16 休日出勤時に、無断で自家用車を使用し、運転ミスで怪我をしたときは、通勤災害と認められますか。

A.
通勤経路が合理的であれば、通勤災害になります。

労災保険法でいう通勤とは「労働者が、就業に関し、住居と就業の場所との間の往復を合理的な経路及び方法により行うことをいい…」（労災保険法第7条第2項）となっています。

要はこの条文に適合すれば通勤と認められるものであって、会社の就業規則で定めたもののみを通勤と認める趣旨ではありません。労災と認定するか否かは、会社と労働者の雇用契約の内容に影響されません。つまり、出勤時に無断で自家用車を使用することが社内規定違反で懲戒の対象となるか否かにかかわりなく、合理的な経路で出勤中に怪我をした場合は、通勤災害と認められます。

ここでは、マイカーで出勤し事故に遭遇した場所が、合理的な経路上であったかどうかが問題になります。住居と就業の場所との間の経路は、都市部では幾通りもあると考えられます。遠回りでないとなれば合理的な経路と認められます。合理的経路上であるか否かが判断の分かれ道になります。調査の結果、合理的経路上であったと判断されれば通勤災害になります。

次に合理的な方法ですが、マイカーを通勤に利用することは合理的な方法の1つです。ただし、酔っ払って運転することや無免許運転、通行禁止区域を通行することは合理的な方法ではありません。合理的な方法としては、他に電車・バスなどの公共の交通機関、オートバイ・自転車などの利用もあります。

「合理的な経路及び方法」について、次の通達が発出されています。

56 第2章 適用の実務Q＆A

「合理的な経路及び方法」とは、当該住居と就業の場所との間を往復する場合に、一般に労働者が用いるものと認められる経路及び手段等をいうものである。（中略）次に合理的な方法についてであるが、鉄道、バス等の公共交通機関を利用し、自動車、自転車等を本来の用法に従って使用する場合、徒歩の場合等、通常用いられる交通方法は、当該労働者が平常用いているか否かにかかわらず一般に合理的な方法と認められる。しかし、たとえば、免許を一度も取得したことのないような者が自動車を運転する場合、自動車、自転車等を泥酔して運転するような場合には、合理的な方法と認められないことになる。（後略）

（昭 48.11.22 基発第 644 号、平 3．2．1 基発第 75 号）

　なお、労災保険法第 7 条第 2 項後段の「業務の性質を有するもの」の具体例としては、次の通達が発出され、当該往復行為による災害は業務上災害と解されています。

　事業主の提供する専用交通機関を利用してする通勤、突発的事故等による緊急用務のため、休日又は休暇中に呼出しを受け予定外に緊急出勤する場合がこれにあたる。（昭 48.11.22 基発第 644 号、平 3．2．1 基発第 75 号）
　突発事故のため休日出勤する途上の事故は業務遂行中である。（昭 24．1.19 基収第 3375 号）

Ⅱ　通勤災害　57

Ⅲ 業務上外の判断

Q17 単身赴任中の社員が建設現場で寝泊りしていたところ、就寝中に心不全で死亡しました。この場合、労災保険が適用されますか。

A. 脳・心臓疾患（脳血管疾患・虚血性心疾患等）については、その発症の基礎となる動脈硬化等による血管病変または動脈瘤、心筋変性等の基礎的病態が長い年月の生活の営みの中で形成され、それが徐々に進行し、増悪するといった自然経過をたどり発症に至るとされています。

しかしながら、業務による明らかな過重負荷が加わることによって、血管病変等がその自然経過を超えて著しく増悪し、脳・心臓疾患が発症する場合があり、そのような経過をたどり発症した脳・心臓疾患は、その発症にあたって、業務が相対的に有力な原因であると判断し、業務に起因することの明らかな疾病として取り扱うこととされています。

これに関して、次のような脳血管疾患および虚血性心疾患等（負傷に起因するものを除く）の認定基準（平 13.12.12 基発第 1063 号）が示されています。以下は、その概要です。

【対象疾病】

1　脳血管疾患

　（1）脳内出血（脳出血）

　（2）くも膜下出血

　（3）脳梗塞

　（4）高血圧性脳症

2　虚血性心疾患等

　（1）心筋梗塞

　（2）狭心症

　（3）心停止（心臓性突然死を含む。）

　（4）解離性大動脈瘤

【認定要件】

　次の（1）、（2）又は（3）の業務による明らかな過重負荷を受けたことにより発症した脳・心臓疾患は、労働基準法施行規則別表第1の2第8号（長期間にわたる長時間の業務その他血管病変等を著しく増悪させる業務による脳出血、くも膜下出血、脳梗塞、高血圧性脳症、心筋梗塞、狭心症、心停止（心臓性突然死を含む。）若しくは解離性大動脈瘤又はこれらの疾病に付随する疾病）に該当する疾病として取り扱う。

（1）発症直前から前日までの間において、発生状態を時間的及び場所的に明確にし得る異常な出来事（以下「異常な出来事」という。）に遭遇したこと

（2）発症に近接した時期において、特に過重な業務（以下「短期の過重業務」という。）に就労したこと

（3）発症前の長期間にわたって、著しい疲労の蓄積をもたらす特に過重な業務（以下「長期間の過重業務」という。）に就労したこと

Ⅲ　業務上外の判断　　59

上記（2）の近接した時期とは、「発症前おおむね１週間」をいいます。また、上記（3）の長期間にわたっては、「発症前おおむね６カ月間」をいいます。

　このような脳・心臓疾患の発症に影響を及ぼす業務による明らかな過重負荷として、発症に近接した時期における負荷のほか、長期間にわたる疲労の蓄積も考慮し、また、業務の過重性の評価にあたっては、労働時間、勤務形態、作業環境、精神的緊張の状態等を具体的かつ客観的に把握、検討し、総合的に判断する必要があります。

　なお、労働時間については、時間外労働（１週間あたり 40 時間を超えて労働した時間数）が次のような場合は、業務と発症との関連性が強いとされています。

　①　発症前１カ月間におおむね 100 時間を超える。
　②　発症前２カ月間ないし６カ月間にわたって、１カ月あたりおおむね 80 時間を超える。

　設問においては、心臓疾患であり、認定要件に照らし合わせ、業務による明らかな過重負荷を受けたと判断されれば、労災保険が適用されます。

　この認定要件は、健康な労働者でもこのような負荷を受けた場合疾患を発症する程度の負荷であると考えられています。基礎疾患を有していたとしても労災保険が適用されますが、総合的な判断においては、適用へのマイナス要因であると考えられます。

Q18
現場内を巡視するため、平坦な通路を歩いていた際、突然アキレス腱が切れてしまいました。このような場合、労災保険の適用はありますか。

A.
傷病等が、労災保険が適用される業務災害と認定されるためには、業務の遂行中にその業務が原因で受傷することが要件です。設問の場合、業務遂行中であることは明らかですが、巡視のためにただ平坦な通路を歩行しているだけでアキレス腱が断裂することは通常考えにくいことであり、労災保険の適用は難しいと考えます。

　一般に、作業中に発生した災害は、その大部分が業務災害となりますが、災害発生の具体的事情によっては、業務上であるか否かが問題になる場合があります。業務災害と認定されるためには、まず業務に従事していた際に受傷したものであること（業務遂行性）が前提となりますが、更に、その傷病等は業務が原因となって発生したもの、すなわち業務と傷病等との間に一定の因果関係が必要です（業務起因性）。

　アキレス腱断裂は、多くはスポーツのような急激な運動動作時に生じ、作業中に発生することは少ないと思われます。しかしながら、仕事中に、走ったり、飛び降りたり、踏ん張ったり、あるいは法面のような不安定な場所を歩行している場合等では、アキレス腱断裂が生じる可能性はあります。このような場合、業務上そのような動作をしなければならなかったという事情があれば、業務起因性が認められ、業務災害と認定されるものと考えます。

　また、ごく稀には、急激な運動動作をしなくても、極端な場合は普通に歩いていても、アキレス腱が断裂することがあります。アキレス

Ⅲ　業務上外の判断　　61

腱は、体の中で最も強く太い腱で常に新陳代謝により柔軟性が保たれていますが、糖尿病、リウマチなどの膠原病、痛風、高脂血症といった末梢の循環不全や組織の変性を伴う疾病がある場合、アキレス腱がもろく脆弱になっており、容易にアキレス腱断裂が生じる懸念があります。このように、慢性的にアキレス腱が切れやすい既存疾病を持っている場合には、より業務起因性が認められない可能性が高いと考えます。

Q19 作業中の作業員が体の一部に原因不明の痛みを訴えました。業務上外が不明確な場合、病院へ診察に行く際は、あらかじめ労災保険を使うよう指示したほうがよいのですか。

A. 本来、労災保険を適用するか否かの決定は労基署が行うため、所轄の労基署に相談する必要があります。

緊急の場合や諸事情により直接病院へ行く場合は、病院の受付にて、労働災害か否か不明確なことを伝え受診します。受診終了後、病院の指示にもよりますが、診療費は一旦全額立て替えて支払うことになります。事後、早急に所轄の労基署へ相談し、その時点で業務上外の判断がなされない場合もありますが、業務上の取扱いとされれば、受診した病院が労災病院または労災指定病院の場合は、「療養補償給付たる療養の給付請求書（様式第5号）」を病院に提出します。この時、立て替えた診療費は全額返金されます。また、受診した病院が労災病院または労災指定病院以外の場合は、「療養補償給付たる療養の費用請求書（様式第7号）」に必要書類を添付し直接、所轄の労基署へ提出し本人の口座に返金してもらう形となります。

一方、業務外の取扱いとされた場合は、受診病院で健康保険証を提示すれば、本来の負担金額以外については返金してもらえます。労災病院や労災指定病院では、ほとんどの場合受診の際に労災であることを伝えると、労災保険の適用の処理を行ってもらえ、病院に必要書類（様式第5号）を提出すれば治療費等は必要ありません。しかし、前述したように労災保険を適用するか否かの決定権は当該病院ではなく労基署にあるため、病院から労基署に必要書類（様式第5号）が提出された時点で業務外と判断され、病院から治療費等を請求される場合もあります。また、健康保険にて治療した後、労災保険の適用が判明

Ⅲ　業務上外の判断　　63

すれば、労災保険への切り替えが必要となり、健康保険組合への取消し申請などの手続を取ることになるため注意が必要です。

Q20 明らかに作業員本人の前日の不摂生（飲みすぎ・寝不足等）や当日の朝食抜きなどが原因で、現場作業中に熱中症で倒れた場合でも、業務上の災害となるのですか。

A. 設問では、暑熱な場所での業務に従事していたかどうかは定かではありませんが、通常、不摂生や朝食を取らないことのみが原因で熱中症になることはないと考えられます。熱中症と診断されれば体温調節機能が阻害されたと考えられ、本人の健康管理上にも問題はあるものの、現場作業中であれば現場での作業や環境要因が一原因であることから、一般的には労災と認定されると考えられます。

　このような場合は、労働者が発症した疾病が、本当に熱中症であったか否かが問題であると思われますので、医師や労基署に労働者の健康管理状況を説明し相談することが望ましいと考えます。

　労働者に生ずる疾病については、多数の原因または条件が複合しており、業務起因性を判断することが容易ではない場合があることから、労働基準法施行規則第35条に業務上の疾病の範囲が細かく示されています。

　その中で、物理的因子による疾病として、「暑熱な場所における業務による熱中症」が業務上の疾病とされています。「暑熱な場所」とは、「体温調節機能が阻害されるような温度の高い場所」とされており、「夏季の屋外労働、炉前作業等に係る業務」がこれにあたります。

　「熱中症」とは、上記のような業務に従事した際に、高温のほか湿度などの条件も相まって体温の熱放散が困難となり、体温調節機能が

64　第2章　適用の実務Q&A

阻害されて起こる熱虚脱、熱疲はい、熱けいれん、中枢神経系障害、発汗停止、体温異常上昇等の症状を主たる症状とする疾病とされ、日射病や熱射病も含まれます（昭 53.3.30 基発第 186 号）。

　現場では、朝礼での熱中症予防の注意喚起や作業開始前に作業員の健康状態を確認しましょう。また、現場巡視中にも、声掛けや作業員の健康状態に常に気を配るように心がけましょう。

Q21 作業中に作業員が熱中症で倒れた場合、労災保険が適用されますか。同様に他の疾病で倒れた場合や、疾病で倒れて外傷を負った場合は、どのような取扱いになるのかも併せて教えてください。

A. 「熱中症」は業務に起因して発症すれば労災保険が適用されます。

　疾病は、その性質上発生の仕方において負傷とは異なるため、業務に起因するか否かの判断が極めて困難です。そのため、労働基準法施行規則第35条において、業務上の疾病の範囲が示されており、そのうち、物理的因子による疾病として「暑熱な場所における業務による熱中症」が示されています。「暑熱な場所」とは「体温調節機能が阻害されるような温度の高い場所」とされており、該当業務として「夏季の屋外労働、炉前作業等に係る業務」が挙げられています。

　設問の場合、作業中に熱中症を発症していることから、一般的には労災保険が適用されますが、本人の作業環境、労働時間、作業内容、身体の状況、被服の状況、その他作業場の温湿度等を総合的に考慮した上で判断されるため、全てが適用されるとも限りません。

　また、熱中症は熱などの影響を離れてから数時間後に発症することもあり、この場合は、その業務起因性について見落とすこともあり注意が必要です。

　熱中症の一般的認定要件および医学的診断要件は次の通りです。

【一般的認定要件】
　① 業務上の突発的又はその発生状態を時間的、場所的に明確にし得る原因が存在すること

66　第2章　適用の実務Q＆A

② 当該原因の性質、強度、これが身体に作用した部位、災害発生後発病までの時間的間隔等から災害と疾病との間に因果関係が認められること

③ 業務に起因しない他の原因により発病（又は増悪）したものでないこと

【医学的診断要件】

① 作業条件及び温湿度条件等の把握

② 一般症状の視診（痙攣、意識障害等）及び体温の測定

③ 作業中に発生した頭蓋内出血、脳貧血、てんかん等による意識障害等との鑑別診断

他の疾病についても、同様に労働基準法施行規則第35条において、業務上の疾病の範囲が示されています。また、「脳血管疾患及び虚血性心疾患等（負傷に起因するものを除く。）の認定基準について」（平13.12.12 基発第1063号）や「業務上腰痛の認定基準」（昭51.10.16 基発第750号、昭53. 3.30 基発第187号）の通達が発出されており、これらをもとに業務と疾病との間に相当因果関係が認められれば、労災保険の適用が受けられます。

業務上災害と認められた疾病により、倒れた時に負傷した場合には、当然業務災害と認められます。

しかし、業務遂行中に、上記施行規則第35条で示されている範囲外の疾病（以下、私病）で、上記同様に負傷した場合、業務上災害として認められないのか？という疑問が残ります。

私病と負傷事故との関係については、関連する通達も発出（Q 22 参照）されていますが、実務的には状況等を整理して、所轄労基署に相談することが望ましいと考えます。

Q22

脳貧血の持病を持つ作業員が貧血を起こし、脚立から転落して怪我をしました。労災保険は適用されるのでしょうか。

A. 業務上の災害と認められ、労災保険が適用されると考えられます。

　関係する通達では、看護師が、外来患者の検査の介添中、突然脳貧血様症状を起こして後方に転倒し、鉄製の手術台で後頭部を打ち負傷（脳震盪）した事案で、「負傷事故の間接的原因である脳貧血様症状は私病であるが、業務遂行中、その作業環境・条件により特に業務危険が伴うものであるとはいえない場合であっても、その負傷事故に事業所の施設が介在している以上業務上の災害である。」（昭41.10.３基災収第86号）が発出されています。

Q23 現場内で作業中、作業員同士でけんかになり、1人が負傷してしまいました。この場合、労災保険は適用されますか。

A. 他人の暴力は、他人の故意による行為のため、一般的には業務とは関係がなく、双方が負傷している場合は、いわゆる「けんか」とみなされ、その原因が業務にあったとしても私怨に発展していることが多いため労働災害とはなりません。

また、常日頃から両者間に問題を有している場合も私怨として業務上とはなりません。これは、災害の原因となる業務上の事実と加害行為との時間的・場所的関係を重視し、時間が経った場合は災害の原因はむしろ「私怨」にあるとみなし、また、被害者が業務外の生活の場で怪我をさせられた場合は「私怨」とみるのが妥当であろうとしています。いわゆる「けんか」の場合は、「災害の原因がすでに『私怨』に発展していることが多いから、発端は業務と関連があっても、すでにそのときは業務との相当因果関係は失われているのが通常である。」（厚生労働省編「労災保険業務災害及び通勤災害認定の理論と実際」）とし、「けんか」は原則として業務上と認定されません。

ただし、他人の暴力による災害でも、一方的に負傷している場合や、職制上職長等が作業員に業務上の注意をしたことによりけんかとなり負傷した場合など、原因が業務との間に相当因果関係があれば、他人の故意が競合していても業務起因性があることになり、労災保険が適用される場合もあります。

業務上外の判断は、次に示すような事柄を基準に判断されます。
① 加害行為が明らかに業務に関連していること。
② 被害者の職務の内容や性質が、他人の反発や怨みを買いやすい

Ⅲ 業務上外の判断　69

場合や攻撃の目標となる場合。

③　災害の原因となる業務上の事実と加害行為との時間的・場所的関係を重視する。

④　加害者も同時に負傷している時は、すでに私怨に発展しているため業務起因性は認められない。ただし、正当防衛の範囲を除く。

⑤　被害者が職務上の権限を超えて相手方を刺激または挑発した時は、自ら被害の危険を招いたこととなるため、業務上とはしない。

⑥　急迫した業務上の危険を避けるため、同僚が緊急避難または緊急援助として加害行為に出た場合に受けた傷害は、業務起因性が認められる。

職長等が部下を叱責する際に力が余って怪我をさせた場合も労災保険は適用されます。なお、その怪我に対して、事業主は加害者と共に損害賠償義務を負うことになります（民法第715条：使用者等の責任）。

以上のように、「けんか」に際しての業務上外の判断は非常に難しいといえます。また、損害賠償に発展する可能性もあります。

「けんか」で負傷者が出た場合、実務としてはまず当事者と事業主を呼んで事情を聞きましょう。

そして、状況をまとめ労基署に説明し業務上外の判断を仰ぎましょう。また、状況によっては警察に届けることが必要でしょう。

現場においては、今後このようなことが起こらないよう、再発防止会議や作業員教育等を実施することが必要と考えます。

Q24

宿舎として使用していたアパートが火災になり、作業員が死亡してしまいました。この場合、労災保険の適用はどのように考えたらよいですか。

A.

設問のケースは事業者が設置した寄宿舎とは認定されず、労災保険は適用されないものと考えられます。

事業主は、事業の運営のために労働者を宿泊させる施設（寄宿舎）を設置することがありますが、寄宿舎に入居する労働者（寄宿労働者）の自治、秩序、安全衛生を守るため、事業主が行うべき措置が労基法第10章「寄宿舎」（第94条～第96条の3）に定められています。そして、寄宿舎の構造等の基準について、一般の事業場に付属する寄宿舎については事業附属寄宿舎規程に、建設工事に附属する寄宿舎（建設工事の期間のみ使用することが原則）については建設業附属寄宿舎規程にそれぞれ定められています（規程の内容は、ほぼ同一です）。

寄宿舎は事業場の施設のひとつであり、寄宿舎で生活する場合、業務に従事しているわけではありませんが、事業主の支配・管理下にあります。そして、このような事業場の施設・設備や管理状況がもとで発生した災害は業務災害として労災保険が適用されます。

事業主が設置した寄宿舎で火災が発生し、寄宿労働者が死亡した場合、この死亡災害が寄宿舎の構造や設備、管理状況に起因するものであれば、労災保険が適用されるものと考えられます。

事業附属寄宿舎の範囲の規定については、労基法第94条の解釈例規（昭23. 3.30 基発第508号）では次のようになっています。

Ⅲ　業務上外の判断　71

1　寄宿舎とは常態として相当人数の労働者が宿泊し、共同生活の実態を備えるものをいい、事業に附属するとは事業経営の必要上その一部として設けられているような事業との関連をもつことをいう。したがって、この2つの条件を充たすものが事業附属寄宿舎として法第10章の適用を受けるものである。

2　寄宿舎であるか否かについては、概ね次の基準によって総合的に判断すること

（1）略

（2）略

（3）（中略）

　　したがって、社宅のように労働者がそれぞれ独立の生活を営むもの、小人数の労働者が事業主の家族と生活を共にするいわゆる住込のようなものは含まれない。

3　事業に附属するか否かについては、おおむね次の基準によって総合的に判断すること

（1）略

（2）（中略）

　　したがって、福利厚生施設として設置されるいわゆるアパート式寄宿舎は、これに含まれないこと。

Q25 社員が、午後5時の定時で業務を終了した後、事業場内の別室で行われた社内サークルのマンドリン部の練習に参加し、午後6時半に退社しましたが、帰宅途中交通事故にあい受傷しました。このような場合、労災保険（通勤災害）の適用はあるでしょうか。なお、当該帰宅途中に通勤経路の逸脱・中断はありません。

A. 業務終了が午後5時、退社が6時半で、事業場施設内に滞留した時間は1時間半ですので、設問の場合は労災保険（通勤災害）が適用されると考えます。

労災保険（通勤災害）が適用される「通勤」とは、「労働者が、就業に関し、住居と就業の場所との間を、合理的な経路及び方法により往復することをいい、業務の性質を有するものを除くものとする。」と定められています（労災保険法第7条第2項）。この場合の「就業に関し」について、住居と就業の場所との往復が通勤と認められるためには、その往復が、業務に就くためまたは業務を終えたことにより行われるものであること、すなわち業務と密接な関連を持って行われることが必要となります。

しかし、業務終了後直ちに帰宅しなければ労災保険（通勤災害）が適用されないのでは、いささか窮屈な気がします。行政解釈でも、業務終了後の囲碁や生け花等のサークル活動、労働組合活動等に参加した後の帰宅について、社会通念上就業と帰宅との直接的関連を失わせると認められるほど長時間であるものを除き、就業との関連性を認めています。

では、社会通念上就業と帰宅との直接的関連を失わせると認められるほど長時間とはどれくらいでしょうか。行政解釈として、業務終了後、労働組合の会計の仕事で1時間25分、慰安会で約1時間、労働

Ⅲ　業務上外の判断　　73

組合の決算報告書資料作成で2時間5分、労働組合の集会に参加で1時間40分、それぞれ事業場施設内に滞留した後に帰宅する途上の災害や、定時から勤務することを前提にそれに先立つ労働組合の集会に参加するため1時間30分早出する途上の災害について、就業との関係を認め、通勤災害としています。

しかし、サークル活動で2時間50分、労使協議会で約6時間は、「社会通念上就業と帰宅との直接関連を失わせると認められるほど長時間であって」（昭49.9.26基収第2023号、昭50.11.4基収第2043号）、通勤災害と認めていません。

事業場施設内に留まる時間の目安として、前記通勤災害と認められた労働組合の決算報告書資料作成で2時間5分の滞留の事案では「本件の被災労働者が業務終了後、当該事業場施設内に滞留した時間（2時間5分）から判断した場合、一般的には、その後の帰宅行為には就業関連性が失われたものといえるのであるが、本件のように就業との関連性が失われたといえる時間を超えている時間が極めてわずかであり、かつ、滞留事由に拘束性・緊急性及び必要性があり、また、事業主が事業場施設内において組合用務を行うことを許可している等の要件を充足していれば、当該被災労働者の帰宅行為に就業関連性を認めるが妥当である。したがって、本件は通勤災害として取扱うのが妥当である。」（昭49.11.15基収第1881号）という行政解釈が発出されています。

これから判断すると、通勤災害と認められる基準は、帰宅開始時間が業務終了後2時間までとなります。前記2時間5分を認める行政解釈の理由として〝超えている時間が極めてわずか〟かつ〝拘束性・緊急性・必要性があり事業場施設利用が認められている等の組合用務〟であることが挙げられていることから、この2時間の要件は非常に厳格なもので、サークル活動等私的行為であれば、通勤災害と認められなかったのではないかと考えます。

74　第2章　適用の実務Q&A

Q26 現場の安全協議会後、懇親を深めるため缶ビール1～2本を飲んだ職員もしくは協力会社社員が、現場事務所の階段から転げ落ちて怪我をした場合、労災保険は適用されますか。

A. 設問のケースは、現場の施設であり、懇親を深める程度の飲酒ですので、業務上として労災は認められると考えられます。

現場事務所の階段は、事業主の管理下（施設管理下）にあり、怪我をした職員等は一般的に事業主の支配下にあるといえ、業務遂行性があると認められます。

現場の安全協議会後に缶ビール1～2本の飲酒は、ごく一部の人間だけが個人的に飲酒をした場合や長時間にわたり飲酒をした場合などを除き、懇親を深める程度の飲酒ですので、個人的な行為として業務との関連を否定する程度のものとはいえないと考えられます。

社内での飲酒を伴う懇親会と通勤災害について、平成20年6月に東京高裁で次の判決が出されていますので参考にしてください。

Ⅲ　業務上外の判断　　75

「飲み会5時間、業務ではない」 帰宅途中の転落死に労災認めず

　社内で開かれた飲み会に参加した後、帰宅途中に駅の階段で転落死した会社員の遺族が労災認定を求めた訴訟の控訴審判決で、東京高裁は約5時間にわたる飲み会は業務といえないとして、労災を認めた一審東京地裁判決を取り消し、遺族側の請求を退ける判決を言い渡した。

　会社員は勤務先で午後5時ごろから開かれた飲酒を伴う会合に出席。同10時過ぎに退社したが、駅の階段から転落し、頭を打ち約2週間後に死亡した。

　判決は「会合への参加は業務と認められるが、午後7時前後には会合の目的に従った業務が終了していた」と認定。さらに「会社員はその後も約3時間飲酒し、酩酊して帰宅しており、事故が通常の通勤で生じたとは言えない」として、通勤災害とは認められないとした。

　一審は、会合で部下の要望を聞くよう上司から命じられていた点などから「飲酒していても会合は職務にあたる」と判断していた。

Q27 法面の吹付け工事の施工中、地震による落石で作業員が負傷しました。このような天災地変に起因する災害の場合、労災保険は適用されるのでしょうか。

A. 地震のような天災地変による災害は、たとえ業務遂行中に発生したものであっても、一般的に業務起因性は認められず、労災保険は適用されないのが原則ですが、天災地変に起因する災害も、当該業務に天災地変による災害を被りやすい事情があり、これが天災地変により現実化したものと認められる場合には、業務起因性を認めることができるとされています。

設問では、法面の吹付け工事には落石の危険があり、これが地震で現実化したと認められますので、労災保険は適用されると考えます。

労災保険は「業務上の事由又は通勤による労働者の負傷、疾病、障害、死亡等」(以下「傷病等」という)に対し必要な保険給付を行う(労災保険法第1条)と規定しています。この「業務上の事由又は通勤による傷病等」とは、業務が原因となった傷病等、すなわち業務と傷病等との間に一定の因果関係が存する場合です。このような業務と傷病等との間の因果関係を、実務上「業務起因性」と呼んでいます。また、労災保険は「労働者を使用する事業を適用事業とする」(労災保険法第3条)と規定していますから、業務起因性が認められる傷病等であるためには、まず労働者が使用されていること、すなわち「労働者が労働契約に基づいて事業主の支配下にあること」が必要です。これを実務上「業務遂行性」と呼んでいます。

1974年(昭和49年)の伊豆半島沖地震に際して発生した災害の業務上外の判断に関する解釈例規で、「労災保険における業務災害とは、

Ⅲ　業務上外の判断　　77

労働者が事業主の支配下にあることに伴う危険が現実化したものと経験法則上認められる場合をいい、いわゆる天災地変による災害の場合にはたとえ業務遂行中に発生したものであっても、一般的に業務起因性は認められない。けだし、天災地変については不可抗力的に発生するものであって、その危険性については事業主の支配、管理下にあるか否かに関係なく等しくその危険があるといえ、個々の事業主に災害発生の責任を帰することは困難だからである。しかしながら、当該被災労働者の業務の性質や内容、作業条件や作業環境あるいは事業場施設の状況などからみて、かかる天災地変に際して災害を被りやすい事情にある場合には天災地変による災害の危険は同時に業務に伴う危険（又は事業主の支配下にあることに伴う危険）としての性質をも帯びていることとなる。したがって、天災地変に際して発生した災害も同時に災害を被りやすい業務上の事情（業務に伴う危険）があり、それが天災地変を契機として現実化したものと認められる場合に限り、かかる災害について業務起因性を認めることができるものである。（以下略）」として、事務所が土砂崩壊により埋没、作業現場でブロック塀が倒壊、岩石が落下し売店が倒壊、山腹に建設中の建物が土砂崩壊により倒壊等で発生した災害につき、いずれも業務災害としています。

　しかしながら、個々の業務に災害を惹起せしめる危険な要因がある場合でも、仮にそのような要因がなくても災害は発生したであろうと考えられる大規模な天災地変のときは、業務起因性は認められないとしています。

　「したがって、かかる要因が存しないにもかかわらず災害が生じたという場合はもちろん、更にその天災地変が非常な強度を有していたためかかる要因の有無に関係なく、一般に災害を被ったという場合（たとえば関東大震災等による災害）には業務起因性が認められない。け

だし、かかる大規模な天災地変の場合は事業主の支配・管理下の有無を問わず、一般的に災害を受ける危険性があり、業務上の事情が無かったとしても同じように天災地変によって被災したであろうと認められるからで、かかる場合の災害はその発生状況の如何を問わず全て業務起因性が認められないこととなる。」（昭 49.10.25 基収第 2950 号）

Q28 出張中、宿泊地（旅館）で飲食後、風呂場で転倒し被災しました。この場合、労災保険の適用は受けられますか。

A. 　出張中の個々の行為については、それが街で飲酒し泥酔に至るといった積極的な私的行為でない限り、出張に当然または通常伴う行為とされています。

　出張は、事業主の命令で行われるものであり、一般的には出張の全過程が業務行為と考えられています。しかし、出張の性質上、通常の業務遂行と比べある程度私的行為が行われることも多いと考えられています。

　以上により、宿泊地での食事については労働時間とみなされます。飲酒した場合については、一般的に労災認定外にみなされがちですが、食事の中での適量な飲酒と判断される場合、労災保険が適用されます。ただし、所轄の労基署に相談することが望ましいと考えます。

Ⅲ　業務上外の判断　79

Ⅳ 一人親方・中小事業主

Q29 一人親方の労働者性の判断基準について教えてください。

A. 労災保険法上の「労働者」とは、「職業の種類を問わず、事業又は事務所に使用される者で、賃金を支払われる者をいう。」と規定する労基法第9条の労働者と同一の概念です。また、「賃金」については、労基法第11条において、「賃金、給料、手当、賞与その他名称の如何を問わず、労働の対償として使用者が労働者に支払うすべてのものをいう。」と定義されています。従って、労働者であるかどうかは「使用される」者であるか否か、その対償として「賃金」が支払われるか否かによって判断されます。

なお、「労働基準法研究会労働契約等法制部会労働者性検討専門部会報告」（平成8年3月25日労働省発表）に建設業手間請け従事者の労働者性の判断基準が示されています。

判断基準の項目としては、

① 仕事の依頼、業務に従事すべき旨の指示等に対する諾否の自由の有無

② 業務遂行上の指揮監督の有無

③ 拘束性の有無

④ 代替性の有無

⑤ 報酬

⑥ 機械、器具等の負担関係

⑦ 専属性の程度

があり、各項目についての強弱を総合的に勘案し、労働者であるか否かを判断します。

【建設業手間請け従事者に関する労働者性の判断基準の概要】

「手間請け従事者」とは、建設業において坪単価等により報酬等の予定額が決められ、実績に応じて報酬が支払われるという形態で就業する者をいう。

1 使用従属性に関する判断基準

判断基準の項目	労働者性を肯定する 方向に働く要素	労働者性を否定する 方向に働く要素
（1）指揮監督下の労働		
イ 仕事の依頼、業務に従事すべき旨の指示に対する諾否の自由の有無	・具体的な仕事の依頼、業務に従事すべき旨の指示に対する諾否の自由を有していない（ただし、契約内容等を勘案する必要がある）。	・具体的な仕事の依頼、業務に従事すべき旨の指示に対する諾否の自由を有している。
ロ 業務遂行上の指揮監督の有無	・指示書等によって作業の具体的内容・方法等が指示されている。「使用者」の命令、依頼等によって他の業務に従事することを拒否できない。	
ハ 拘束性の有無	・勤務時間が指定・管理されている。	・労務提供の量および配分を自ら決定できる。契約に定められた量の労務を提供すれば、予定工期の終了前でも他の仕事に従事できる。
ニ 代替性の有無		・本人に代わって他の者が労務を提供すること、本人が自らの判断で補助者を使うことが認められている。
（2）報酬の労務対償性に関する判断基準	・報酬が、時間給、日給、月給等時間を単位として計算される。	

Ⅳ 一人親方・中小事業主

2 労働者性の判断を補強する要素

判断基準の項目	労働者性を肯定する 方向に働く要素	労働者性を否定する 方向に働く要素
（1）事業者性の有無 イ 機械、器具等の 負担関係 ロ 報酬の額 （2）専属性の程度	 ・特定の企業の仕事のみを 長期にわたって継続して請 けている。	・据置式の工具など高価な 器具を所有しており、手間 請け業務に使用している。 ・報酬の額が同種の業務に 従事する正規従業員に比し て著しく高い。

Q30 工事作業所からワゴン車で帰宅途中、故障車に追突し5名が負傷しました。うち1人は「一人親方」でしたが、労災保険の特別加入をしていませんでした。元請の労災保険の適用を受けることができますか。

A. 「一人親方」は、元請の労災保険の適用対象外であり、また特別加入は遡って加入することができないので、労災保険の適用を受けられないのが原則です。

ただし、作業形態が他の通常の作業員とほぼ同じで、名目的な一人親方の場合は、労働者とみなし元請の労災保険の対象となる場合があります。

設問では、労基署の判断は、「一人親方の見解は、親方と労働者の区別が請負や常用で工事をするので判断しにくいが、今回の件については当日の作業内容は一次協力会社の指示によるものであった。よって、一次協力会社の従業員として扱う」とし、元請の労災保険が適用になりました。

Ⅳ　一人親方・中小事業主　　83

Q 31

「取締役」に就任した被災者が、「推進工」として工事現場の作業に従事しているとき、右足を骨折しました。この被災者は、労災保険の中小事業主等特別加入をしていませんでした。元請の労災保険の適用を受けることができますか。

A.

設問は、労基署において不支給、その後の審査請求で不支給が取り消され、労災保険が適用になったケースです。

当初労基署は、

① 「取締役」に就任していた

② 役員報酬のみの支払いを受け、賃金は支給されていなかった

③ 出勤簿も作成されていなかった

として、今回の負傷は業務上の災害によるものであるが、取締役であるため労災保険法上の労働者に該当しない、として不支給処分としました。

しかし、被災者は、この処分を不服とし審査請求を行い、その結果、下記の事実が認定されました。

① 取締役には人数合わせのため就任していた

② 工事施工の全権限は与えられておらず、使用者の指揮命令を受けていた

③ 就業時間、休憩時間、所定休日等は定まっており、その報酬も会社の同種労働者とほぼ同水準であった

以上の認定事実により、被災者は、使用者の指揮命令に従い労務を提供し賃金を得るという、雇用関係が認められたため、取締役になっていても労働者としての性格が認められ、労災保険法上の「労働者」であると決定されました。

取締役に係る「労働者性」の判断基準としては、「一般に、法人の

84　第2章　適用の実務Q&A

代表者や業務執行機関にある者の如く、事業主体との関係において使用従属の関係に立たない者については、労働者とは認められないものであるが、法人の取締役であっても業務執行権を有しない者については、その使用従属関係の実態を考慮した上で、労働者として認められるか否か判断する必要がある。」とされています。

Ⅴ 海外出張

Q32 海外出張中の災害は、労災保険が適用されますか。

A. 海外出張の場合は、労働者は国内の事業場に所属し、事業主の支配下で業務に従事するもので、業務に関係のない個人的な用事を行ったり、業務を中断した場合を除き、業務起因性と業務遂行性が認められれば、その被災場所が日本国外であるだけで、国内の出張と何ら変わりなく労災保険が適用されます。

ただし、海外出張という用語を用いても、実際の労災適用にあたっては、業務従事者の実態に基づき出張か派遣かが総合的に判断されるため、派遣と判断され労災の適用が受けられない場合もあります。

一方、海外派遣の場合は、派遣元の事業主の指揮命令から離れて派遣先国の事業場に所属し、当該事業場における事業主の指揮命令のもとに業務に従事することになります。このため、派遣先国の労働者となり、派遣先国の災害補償制度が適用され、日本の労災保険法上の保護を受けられないことになりますが、国内同様の労災保険の適用が受けられるようにしたのが、海外派遣者の特別加入制度です。加入するにあたってはその範囲が決められており、次に該当する場合、特別加入が認められています。

① 日本国内で事業（有期事業を除く）を行う事業主から派遣されて、海外支店、工場、現場、現地法人、海外の提携先企業など海外で行われる事業に従事する労働者

② 日本国内で事業（有期事業を除く）を行う事業主から派遣され

て、海外にある 300 人以下の労働者を使用する事業（金融業、保険業、不動産業または小売業にあっては 50 人以下、卸売業またはサービス業にあっては 100 人以下）に従事する事業主およびその他労働者以外の者

③　独立行政法人国際協力機構など開発途上地域に対する技術協力の実施の事業（有期事業を除く）を行う団体から派遣されて、開発途上地域で行われている事業に従事する者

なお、単に留学する者や現地採用者は、海外派遣の対象となりません。

海外出張と海外派遣について、具体例を示すと一般的には下記のようになります。

（1）海外出張

商談、技術・仕様等の打合せ、市場調査・会議・視察・見学、アフターサービス、現地での突発的なトラブル対処、技術習得等

（2）海外派遣

海外関連会社への出向、海外支店・営業所への転勤、海外で行う据付工事・建設工事（有期事業）に従事する場合等

関係する通達として「海外派遣と海外出張との関係」（昭 52. 3 .30 基発第 192 号）が、発出されています。

海外派遣と海外出張との関係（昭 52. 3. 30 基発第 192 号）

海外派遣者の特別加入制度の新設は、海外出張者に対する労災保険制度の適用に関する措置に何らの影響を及ぼすものではない。すなわち、海外出張者の業務災害については、従前どおり、特段の加入手続を経ることなく、当然に労災保険の保険給付が行われる。

Ⅴ　海外出張　87

なお、海外出張者として保護を与えられるのか、海外派遣者として特別加入しなければ保護が与えられないのかは、単に労働の提供の場が海外にあるにすぎず国内の事業場に所属し、当該事業場の使用者の指揮に従って勤務するのか、海外の事業場に所属して当該事業場の使用者の指揮に従って勤務することになるのかという点からその勤務の実態を総合的に勘案して判定されるべきものである。

第3章
成立・徴収の実務Q&A

I 労災保険関係の成立

Q33 山岳トンネルの現場を施工する予定ですが、2つの労基署AとBに管轄がまたがります。この場合、どちらの労基署と労災保険関係を成立させるのでしょうか。ちなみに、現場事務所の所在地はA労基署になります。

A. 設問の場合、現場事務所の所在地を管轄する労基署と労災保険関係を成立させます。よって、この場合はA労基署に労災保険関係の成立届を提出します。

なお、適用事業報告等の労基法関係書類も同様にA労基署に提出します。

ただし、工事が始まることなどをB労基署にも伝えることは丁寧な対応といえるでしょう。

関係する条文は以下の通りです。

労災保険法施行規則第1条（事務の所轄）

1 略
2 労働者災害補償保険に関する事務（労働保険の保険料の徴収等に関する法律（昭和44年法律第84号）、失業保険法及び労働者災害補償保険法の一部を改正する法律及び労働保険の保険料の徴収等に関する法律の施行に伴う関係法律の整備等に関する法律（昭和44年法律第85号）及び賃金の支払の確保等に関する法律（昭和51年法律第34号）に基づく事務並びに厚生

90　第3章　成立・徴収の実務Q&A

労働大臣が定める事務を除く。）は、厚生労働省労働基準局長の指揮監督を受けて、事業場の所在地を管轄する都道府県労働局長（事業場が二以上の都道府県労働局の管轄区域にまたがる場合には、その事業の主たる事務所の所在地を管轄する都道府県労働局長）が行う。

3　前項の事務のうち、保険給付（二次健康診断等給付を除く。）並びに社会復帰促進等事業のうち労災就学等援護費及び特別支給金の支給並びに厚生労働省労働基準局長が定める給付に関する事務は、都道府県労働局長の指揮監督を受けて、事業場の所在地を管轄する労働基準監督署長（事業場が二以上の労働基準監督署の管轄区域にまたがる場合には、その事業の主たる事務所の所在地を管轄する労働基準監督署長）が行う。

Q34 改修工事を受注しましたが、工事場所が 10 カ所に分かれており（契約は 1 件）、労基署の管轄がいくつかに分かれています。1 件あたりの金額は一括有期事業の金額ですが、合計すると単独有期事業の要件を満たしています。この場合、労災保険の成立はどのように考えたらよいですか。また、新築工事を 2 カ所で行う際に（契約は 1 件）、それぞれの工事の労基署の管轄が異なっている場合はどのように考えたらよいでしょうか。

A. 労災保険は工事場所ごとに成立させることが原則ですので、改修工事などで、工事 1 件あたりの金額が単独有期事業の条件を満たさない場合は、一括有期事業として個別に成立させることになります。

　同様に、新築工事についても、直接工事、間接工事等の契約内容を正確に区分して、2 つの工事の請負金を算出し、それぞれの管轄ごとに労災保険を成立させます。

　しかしながら、それぞれの工事が密接に関連しており、明確に区分することが難しい場合などは、所轄の労基署に確認の上、成立の手続を進めます。

92　第 3 章　成立・徴収の実務 Q & A

Q35 本工事終了後に手直し工事をすることになりました。労災保険の加入手続の注意点について教えてください。

A. 竣工後の手直し工事を「有償」で行う場合、当然その請負金額をベースに労災保険の加入手続を行います。

手直し工事ですから、請負金額は小額と考えられますので、一括有期事業として労災保険の加入を行います。仮に、1億8000万円以上の請負金額（消費税等相当額除く）であれば、単独有期事業扱いとなります。

次に「無償」の場合の取扱いです。

請負工事契約に基づいて行われる手直し工事の場合、「無償」で行うことは、よくあるケースといえます。

「無償」の場合、手続としては工事開始時に手直し工事である旨を記載した「労働保険名称、所在地変更届」を遅滞なく所轄労基署に提出します。

ただし、本工事終了後の工事については、時間的経過によって取扱いが異なりますので注意が必要です。

本工事終了後の工事については、行政より次の解釈が示されています。

1　本工事終了後、おおむね1年以内の場合

> **手直工事に対する労災保険法の適用について（本工事終了後の手直し工事）（昭26.11.27 基災収第3310号）**
>
> 　請負による土木建築工事の本工事終了後において行ういわゆる手直工事は、たとえ本工事についての確定保険料報告書を提出し

Ⅰ　労災保険関係の成立　　93

た後であっても、本工事の一部であるから、別個に保険関係を成立させるべきではない。

この場合、本工事につき請負金額をもって保険料の算定をした場合においては、請負金額に変更のない限り、手直工事のみについての保険料を増加徴収すべきではない。

なお、手直工事開始のときは、手直工事である旨を記載した工事期間延長届を規則第28条〔徴収則第5条参照〕により遅滞なく提出することを要する。

2 本工事終了後、2年近く経過した場合

保証工事に対する労災保険法の適用について（本工事終了後の保証工事）（昭35.5.24基収第8962号）

1 保証工事のように、本工事の終了後2年近く経過している等の事情からみて、事業として本工事と一体をなすとは認められない手直工事については、昭和26年11月27日付基災収第3310号通ちょうにいう手直工事には含まれないから、本工事とは別個の事業として取り扱われたい。

2 本工事と別個の事業として適用した保証工事について、その工事だけの請負金額がある場合のほかは、保証工事に係る賃金総額が正確に算定できないからといって、労災保険法施行規則第25条〔徴収則第12条参照〕の規定によることは適当でないから、関係者をして賃金台帳等を整備せしめ、実際に支払われる賃金総額を把握するようにされたい。

しかしながら、行政の解釈として1年以上2年未満の期間について示されたものはなく、〝空白〟の期間となっています。

この期間に本工事終了後の手直し工事を行うときは、上記いずれの
取扱いとするのか、所轄労基署に判断を仰ぎましょう。

Q 36 竣工後2年経過して、1日で終わる屋根の補修工
事を無償でやることになりましたが、労災保険に
加入しなければなりませんか。

A. 　就労する労働者が1人でもいる限り、補修工事にかかる日数
がたとえ1日であっても労災保険の関係は成立することか
ら、加入しなければなりません（徴収法第3条）。

設問の補修工事の場合、本工事終了後2年を経過していますので、
本工事の一部とは認められません。

また、工事内容から小額工事と思われますので、一括有期事業で労
災保険の加入手続を行います。

次に労災保険料についてです。

設問のような無償工事の場合、下請負業者に請け負わせる金額を
ベースとして保険料を計算するのが実務的な対応となります。

なお、手直し工事を一括有期事業で処理する場合は、翌月10日ま
でに所定の様式で所轄労基署へ報告します。

なお、手直し工事にかかる労災保険の加入手続の注意点については、
Q 35を参考にしてください。

Ⅰ　労災保険関係の成立　　95

Q37 道路新設の工事を受注しました。契約の中に道路築造部分が 60%、橋梁部分 40%（いずれも請負金比率）ありますが「事業の種類」を 2 つに分けることができますか。

A. 道路新設の工事では、1 つの契約であっても工事の内容によって保険関係が分類され、複数の料率が適用されます。

構築すべき目的物が「道路」である時は、「道路新設事業」の料率が適用になります。ただし、この契約の中に橋梁などの建築の部分がある場合で、その工事が 500 万円以上かつ全体の請負金の 1 割以上ある場合は「建築事業」、それからずい道部分があり、その請負金額が 1000 万円以上でかつ全体の請負金額の 1 割以上に該当するときは、「水力発電施設、ずい道等新設事業」の料率が適用されます（昭41. 2 .15 基災発第 7 号）。

Q38 大型商業施設等エレベーター、エスカレーター、機械式立体駐車場が多数ある建物の新築工事を受注しました。労災保険は「機械装置の組立て又はすえ付けの事業」と「建築事業」と分けた方がよいのでしょうか。

A. 「現行においては、ビルの新設と同一時期に行われるエレベーター、エスカレーター、冷凍機、空気調節機、ボイラー等の機械のすえ付け事業はすべて鉄骨・鉄筋または鉄筋コンクリート造家屋建築事業として適用していたが、改正後はその施工時期の如何を問わず『機械装置の組立て又はすえ付けの事業』として適用する。」（昭36. 2.18基発第127号）とされ、労災保険関係は分離して別々に成立させることが原則となります。

エレベーター等の機械装置の価格が高額な場合は保険を別々にした方が保険料は安くなる傾向にあります。しかし、エレベーター等の金額が小額の場合は、保険料に大差がないためか実務的に「(35)建築事業」一本にまとめて成立させていることが多いようです。

機械装置の組立てまたはすえ付けの事業の請負金額は、業者からの見積金額を基礎に現場経費を加えたものとなります。

なお、徴収則第13条により「工事用物」の価額に相当する額が請負代金の額に含まれている場合は、「工事用物」の価額に相当する額を請負代金の額から控除したものを請負代金として、労働保険料を算定することとされています。

「工事用物に関する告示」（昭和58年4月1日改正）では、「機械装置の組立て又はすえ付けの事業」の「機械装置」を請負代金の額に加算しないものとして定め、併せて機械装置の具体的な範囲を例示しています。

I 労災保険関係の成立 97

Q39 建設現場で、特に道路側など人目につきやすい箇所の様々な掲示物の中に「労災保険関係成立票」がありますが、現場によってはこの労災保険関係成立票を掲げていない現場も見られます。現場の規模や工事内容によって掲示義務の有無があるのでしょうか。

A. 現場の規模や工事の種類にかかわらず、労災保険の保険関係が成立している建設現場では必ず労災保険関係成立票を掲示しなければなりません。徴収則第77条（建設の事業の保険関係成立の標識）「労災保険に係る保険関係が成立している事業のうち建設の事業に係る事業主は、労災保険関係成立票（様式第25号）を見易い場所に掲げなければならない。」が根拠となっています。

この労災保険関係成立票のサイズは、縦40cm、横50cmで、記載項目は下記の通りです。

・保険関係成立年月日
・労働保険番号
・事業の期間（工期）
・事業主の住所氏名（元請業者の所在地、会社名、代表者職氏名）
・注文者の氏名
・事業主代理人の氏名（代理人の選任届を労基署に行っている場合のみ記載）

98　第3章　成立・徴収の実務Q＆A

Ⅱ 労災保険の未納・滞納

Q40

労災保険料（有期事業）の納入前や滞納中に発生した労働災害に対して、労災保険は給付されますか。また、未納、滞納事業主へのペナルティは発生するのでしょうか。

A.

労災保険制度は、業務上または通勤による労働者の災害に対して迅速かつ公正な保護等を目的として、国が保険者となって運営されており、労働者を1人でも使用する事業には強制適用されることになっています（労災保険法第1条～3条）。また、労災保険関係の成立については、事業が開始された日から成立するとされています（徴収法第3条）。このことから、事業主が、労災保険に係る届出をしていなかったり、保険料を納めていなかったりしても被災労働者は保険給付を受けることができます。

しかし、労災保険制度の財源は、事業主が支払う保険料でまかなわれており、当該保険料を納入した事業主と不払いの事業主に不公平が生じます。そのため、未納や滞納事業主へのペナルティとして、以下の通り保険給付に要した費用や延滞金が徴収されます。

まず、次のいずれかに該当する事故について保険給付を行ったときは、規定による災害補償の価額の限度で、その保険給付に要した費用に相当する金額の全部または一部を事業主から徴収することができるとされています（労災保険法第31条）。

① 事業主が故意または重大な過失により、保険関係の成立に係る届出をしていない期間中に生じた事故（当該事故については、保

Ⅱ 労災保険の未納・滞納 99

険関係成立届けを提出した後も徴収の対象とする）

②　事業主が保険料を納付しない期間（督促状に指定する期限後の期間に限る）中に生じた事故

③　事業主が故意または重大な過失により生じさせた業務災害の原因である事故

また、上記の金額の全部または一部の徴収割合は、次のように示されています（平17. 9.22 基発第 0922001 号）。

・行政機関等から指導を受けたにもかかわらず、10 日以内に、①の保険関係成立の届出を行っていない場合は、給付額の 100%

・事業開始後 1 年を経過してなお、①の保険関係成立の届出を行っていない場合は、給付額の 40%

・②の場合は、給付額に納付すべき保険料に対する滞納額の割合（滞納率）を乗じた額（滞納率が 40%を超える場合は給付額の 40%）

・③の場合は、給付額の 30%

さらに、滞納事業主には、保険料の額につき年 14.6%の割合で、記載した納期の翌日からその完納または財産差押えの日の前日までの日数により計算した延滞金を徴収するとされています（徴収法第 28 条）。

Q41 労災保険料の納付の督促状が届きました。納付せずに放置した場合はどのような問題が発生しますか。

A. 労災保険法第30条では、徴収する保険料については徴収法の定めるところによるとされており、督促および延滞処分について徴収法第27条では、「労働保険料その他この法律の規定による徴収金を納付しない者があるときは、政府は期限を指定して督促しなければならない」とし、保険料を納付しない事業主には必ず督促状が届きます。

徴収法第29条では、「徴収金の先取特権の順位は、国税及び地方税に次ぐもの」とされており、同法30条では、「徴収金は、この法律に別段の定めがある場合を除き、国税徴収の例により徴収する」となっています。国税徴収法では、最終的には財産の差押さえにより徴収されることとなっており、労災保険料を納付せずに放置していた場合は、財産差押えにより徴収されることになります。また、徴収法第28条により、「労働保険料の額に、納期限の翌日からその完納又は財産差押えの日の前日までの期間の日数に応じ、年14.6%の割合を乗じて計算した延滞金を徴収」されることになります。

また、徴収法第41条では、「労働保険料その他この法律の規定による徴収金を徴収し、又はその還付を受ける権利は、2年を経過したときは、時効によって消滅する」とされていますが、「徴収金の徴収の告知又は督促は、民法第153条の規定にかかわらず、時効中断の効力を生ずる」とされています。以上のことから、督促状は必ず出されるため納付に対する時効は成立せず、必ず徴収されることとなります。

なお、ペナルティについては、Q40を参照してください。

Ⅱ 労災保険の未納・滞納　101

Ⅲ 労災保険料率等

Q42 保険料率を間違えていたことが後に分かった場合、差額を追徴または還付されますか。

A. 間違いが判明した場合は、本来納入すべき保険料との差額に対して、過小の場合は納付し、過大の場合は還付または次年度の保険料に充当します。ただし、納付の場合は、その理由や内容によっては追徴金が課せられるので注意が必要です。また、還付の場合は、還付請求が必要となります。

　労災保険は、概算保険料の申告により保険料を納付し、確定保険料の申告により保険料を確定します。納付した保険料が確定保険料に満たないときはその不足額を 50 日以内に納付し、納付した保険料が確定保険料を越える場合には、超過額を次年度の保険料等の徴収金に充当、または還付を受けることができます（徴収法第 19 条第 3 項、第 6 項）。よって、確定保険料の申告までに間違いが判明した場合は、確定保険料の申告で修正できるため、不足分の納付に対して追徴金は課せられません。

　一方、下記の場合には追徴金が課せられます。
　徴収法第 19 条第 4 項には、事業主が第 1 項または第 2 項（継続事業、有期事業の確定保険料に関する申告書）の申告書を提出しないとき、またはその申告書の記載に誤りがあると認めるときは、保険料の額を決定し、これを事業主に通知することになっています。また、徴

収法第 19 条第 5 項には、これらの通知を受けた事業主は、納付した保険料との不足額、納付保険料がない場合には決定された保険料を通知を受けた日から 15 日以内に納付しなければならないことになっています。この場合、徴収法第 21 条により、納付すべき額に 100 分の 10 を乗じた額の追徴金を徴収されることになります。

　以上のように、確定保険料の申告については、正確に申告しないと追徴金を徴収されることになります。

　また、確定保険料の申告書を提出後、労働局より査定調査が実施されることがあり、その際、保険料率や労務賃金の把握が適正か否かが確認され、その状況により追徴、還付の指示が行われる場合もあります。

Q43

当初概算保険料を労務賃金で算定していた場合、確定時に労務費率に修正し確定することは可能ですか。

A. 概算保険料申告の際「賃金総額の算出方法」を「支払賃金」より行っていたものが、諸般の事情により、労務賃金が適切に把握することが出来なかった場合は、「賃金総額の特例」を適用して労務費率に変更して確定保険料を決定します。しかし、この逆の労務費率から支払賃金への変更は認められません。

労災保険の保険料の算定は、徴収法第11条により、次のように規定されています。

> 1 一般保険料の額は、賃金総額に第12条の規定による一般保険料に係る保険料率を乗じて得た額とする。
> 2 前項の「賃金総額」とは、事業主がその事業に使用するすべての労働者に支払う賃金の総額をいう。
> 3 前項の規定にかかわらず、厚生労働省令で定める事業については、厚生労働省令で定めるところにより算定した額を当該事業に係る賃金総額とする。

そして、第3項の「厚生労働省令で定める事業」は、徴収則第12条に「賃金総額の特例」として次のように規定されています。

> 労災保険に係る保険関係が成立している事業のうち次の各号に掲げる事業であって、同条第1項の賃金総額を正確に算定することが困難なものとする。
> ①請負による建設の事業、②立木の伐採の事業、③④略

Q44 建設工事に係る有期事業の労災保険率、労務費率、非業務災害率を教えてください。

A. 労災保険の保険料は、適用単位である事業ごとにその事業に使用するすべての労働者に支払う賃金総額に保険料率（下表参照）を乗じて算出されます（徴収法11条）。請負による建設事業では賃金総額を正確に算出することが困難なものについては、請負金額（消費税を除く。）に厚生労働省令で定める労務費率（下表）を乗じて算出した額を賃金総額としています（徴収則12、13条）。

有期事業の労務費率と保険料率
（徴収則 別表第1・別表第2関係）平成30年4月1日現在

事 業 の 種 類		請負金額に乗ずる労務費率（%）	保　険　料	
			労災保険率	請負金額100万円あたりの保険料（円）
水力発電施設、ずい道等新設事業		19	1000分の62	11,780
道路新設事業		19	〃　　11	2,090
舗装工事業		17	〃　　9	1,530
鉄道または軌道新設事業		24	〃　　9	2,160
建築事業（既設建築物設備工事業を除く）		23	〃　　9.5	2,185
既設建築物設備工事業		23	〃　　12	2,760
その他の建設事業		24	〃　　15	3,600
機械装置の組立てまたは据付けの事業	組立てまたは取付けに関するもの	38	〃　　6.5	2,470
	その他のもの	21		1,365

※機械装置の組立てまたは据付けの事業で「その他のもの」とは基礎台の建設事業であり、一括請負の場合は区分して適用できます。各事業の請負金額が明確に区分できない場合は直接工事の請負金額で按分できます。

Ⅲ　労災保険料率等　　105

また、非業務災害率（1000分の0.6）は、適用事業の過去3年間の通勤災害率に係る率および二次健康診断給付に要した額等を考慮して厚生労働大臣が定めています（徴収法第12条第3項、徴収則第16条第2項）。

　なお、厚生労働省は、原則として3年ごとに労災保険率の改定を行っています。

　改定の基本方針として、労災保険率は、将来にわたる労災保険の事業に係る財政の均衡を保つことができるように設定することとされ、公労使三者から構成される労働政策審議会での審議を経た上で改定を行っています。

Q45 単独有期事業の保険料の延納回数についての考え方を教えてください。

A. 単独有期事業については、事業の全期間（工期）が6カ月を超えるもので、かつ、概算保険料の額が75万円以上のものは、延納（分割納付）が認められています。

延納（分割納付）の期別納付日は次の通りです。

10月31日／1月31日／3月31日

なお、期別納付日が土、日曜の場合は、翌金融機関営業日になります。

例を下記に、「有期事業延納回数早見表」を109〜110ページに掲載しますので参考にしてください。

【例1：労研新築工事のケース】

事業の種類：建築事業

保険成立日：平成30年5月15日

保険終了日（事業終了日）：平成31年2月15日

賃金総額の算出方法：労務費率（23％）

請負金の額：948,465,000円

労務費の額：218,146,950円

保険料率：1000分の9.5

概算保険料額：2,072,396円

　上記内容から分納回数、分納保険料額、分納月は以下の通りになります。

初回（20日以内）：690,800円

2回目（平成30年10月31日）：690,798円

3回目（平成31年1月31日）：690,798円

Ⅲ　労災保険料率等　107

【例 2：労研ずい道工事のケース】

事業の種類：ずい道等新設事業

保険成立日：平成 30 年 7 月 23 日

保険終了日（事業終了日）：平成 33 年 4 月 30 日

賃金総額の算出方法：労務費率（19%）

請負金の額：2,142,000,000 円

労務費の額：406,980,000 円

保険料率：1000 分の 62

概算保険料額：25,232,760 円

　上記内容から分納回数、分納保険料額、分納月は以下の通りになります。

初回（20 日以内）　：2,803,640 円

2 回目（平成 31 年 1 月 31 日）：2,803,640 円

3 回目（平成 31 年 3 月 31 日）：2,803,640 円

4 回目（平成 31 年 10 月 31 日）：2,803,640 円

5 回目（平成 32 年 1 月 31 日）：2,803,640 円

6 回目（平成 32 年 3 月 31 日）：2,803,640 円

7 回目（平成 32 年 10 月 31 日）：2,803,640 円

8 回目（平成 33 年 1 月 31 日）：2,803,640 円

9 回目（平成 33 年 3 月 31 日）：2,803,640 円

有期事業延納回数早見表

※延納条件　保険料75万円以上　かつ　工期が6カ月を超えるもの

成立年月日	終了年月日	回数	初回	2回目	3回目	4回目	5回目	6回目	7回目	8回目
2月1日～5月31日	8/1～11/30	2回	20日以内	10月31日						
	12/1～翌年3/31	3回	〃	〃	1月31日					
	翌年4/1～7/31	4回	〃	〃	〃	3月31日				
	翌年8/1～11/30	5回	〃	〃	〃	〃	10月31日			
	翌年12/1～2年後の3/31	6回	〃	〃	〃	〃	〃	1月31日		
	2年後の4/1～7/31	7回	〃	〃	〃	〃	〃	〃	3月31日	
	2年後の8/1～11/30	8回	〃	〃	〃	〃	〃	〃	〃	10月31日

成立年月日	終了年月日	回数	初回	2回目	3回目	4回目	5回目	6回目	7回目	8回目
6月1日～9月30日	12/1～翌年3/31	2回	20日以内	1月31日						
	翌年4/1～7/31	3回	〃	〃	3月31日					
	翌年8/1～11/30	4回	〃	〃	〃	10月31日				
	翌年12/1～2年後の3/31	5回	〃	〃	〃	〃	1月31日			
	2年後の4/1～7/31	6回	〃	〃	〃	〃	〃	3月31日		
	2年後の8/1～11/30	7回	〃	〃	〃	〃	〃	〃	10月31日	
	2年後の12/1～3年後の3/31	8回	〃	〃	〃	〃	〃	〃	〃	1月31日

成立年月日	終了年月日	回数	初回	2回目	3回目	4回目	5回目	6回目	7回目	8回目
10月1日〜12月31日	翌年4/1〜7/31	2回	20日以内	3月31日						
	翌年8/1〜11/30	3回	〃	〃	10月31日					
	翌年12/1〜2年後の3/31	4回	〃	〃	〃	1月31日				
	2年後の4/1〜7/31	5回	〃	〃	〃	〃	3月31日			
	2年後の8/1〜11/30	6回	〃	〃	〃	〃	〃	10月31日		
	2年後の12/1〜3年後の3/31	7回	〃	〃	〃	〃	〃	〃	1月31日	
	3年後の4/1〜7/31	8回	〃	〃	〃	〃	〃	〃	〃	3月31日

成立年月日	終了年月日	回数	初回	2回目	3回目	4回目	5回目	6回目	7回目	8回目
1月1日〜3月31日	4/1〜7/31	2回	20日以内	3月31日						
	8/1〜11/30	3回	〃	〃	10月31日					
	12/1〜翌年3/31	4回	〃	〃	〃	1月31日				
	翌年4/1〜7/31	5回	〃	〃	〃	〃	3月31日			
	翌年の8/1〜11/30	6回	〃	〃	〃	〃	〃	10月31日		
	翌年12/1〜2年後の3/31	7回	〃	〃	〃	〃	〃	〃	1月31日	
	2年後の4/1〜7/31	8回	〃	〃	〃	〃	〃	〃	〃	3月31日

Ⅳ 一括有期事業の労災保険

Q46

当初、請負金額が1億5000万円の工事であったため、一括有期事業で労災保険をかけましたが、途中、設計変更で請負金額が増加し2億5000万円になりました。この場合、単独有期事業に保険をかけ直すことができますか。

A.

一括有期で労災保険をかけたものは、請負金額が基準以上になっても、単独有期事業に変更はできません。

一括扱いの留意点（昭40.7.31 基発901号）

一括された個々の事業については、その後、事業の規模の変更等があった場合でも、あくまで当初の一括扱いによることとし、新たに独立の有期事業として取り扱わないこと。

また、当初、独立の有期事業として保険関係が成立した事業は、その後、事業の規模の変更等があった場合でも、一括扱いの対象としないこと。

Q47

共同企業体工事で請負金額が 1 億 8000 万円未満（消費税等相当額除く）のときは、共同企業体スポンサーの一括有期事業の保険に加入するのでしょうか。

A. 共同企業体を 1 つの事業体と考えて、共同企業体として単独有期事業で労災保険をかけます。

また、分担施工方式の場合、分担されている工事について、それぞれが単独で請負った工事と同じように単独有期事業で労災保険をかけます。この場合、請負金額 1 億 8000 万円未満の時は一括有期事業の保険に加入します。

共同企業体によって行われる建設事業（昭41. 2.15基災発第8号）

建設業において、2 以上の建設業者が共同企業体を結成して、建設工事を施工している場合における適用事務は、昭和 41 年度から下記によって処理されたい。

なお、この取扱いは、従来から建設省において推進されてきた共同企業体方式のうち、標準的なものを対象としたものであるので、この方式に準じて施工する共同請負工事についても同様に取り扱われたい。

記

1 甲型（全構成員が各々資金、人員、機械等を拠出して、共同計算により工事を施工する共同施工方式をいう。以下「共同施工方式」という。）について

（1）保険関係の成立について

112　第3章　成立・徴収の実務Q＆A

イ　共同企業体が行う事業の全体を一の事業とし、その代表者を事業主として保険関係を成立させること。

ロ　概算保険料の報告の際には、共同企業体の施工する建設工事の内容、組織、構成員等を明らかにした共同企業体協定書（各構成員の出資の割合を定めた協定書を含む。）の写し、共同企業体の運営方法等に関する運営委員会規程などを提出させること。

（2）督促状の送付及び滞納処分の執行等について

　　法第31条〔徴収法第27条参照〕の規定に基づく督促及び滞納処分の執行は、保険加入者（（1）のイの代表者）に対して行うべきことはいうまでもないが、共同企業体の解散、消滅等により、滞納保険料等を保険加入者から徴収することが困難なときは、共同企業体協定書に定められている各構成員の出資割合に応じ、当該滞納保険料等を区分して取り扱うこと。

　　なお、共同企業体の解散、消滅後におけるメリット精算事務等のための通知についても、同様であること。

2　乙型（各構成員が工事をあらかじめ分割し、各々分担工事について責任をもって施工し、共通経費は拠出するが、損益については共同計算を行わない分担施工方式をいう。以下「分担施工方式」という。）について

（1）保険関係の成立について

イ　共同企業体協定書に基づいてあらかじめ分担されている工事部分をそれぞれ独立の事業とし、共同企業体の各構成員をそれぞれ事業主として、労災保険関係を成立させること。

ロ　共同企業体の2以上の構成員をそれぞれ元請負人として、各別の請負契約により同一の下請負人が工事を請け負っている場合であっても、当該下請負人の施工する工事内容及び作

Ⅳ　一括有期事業の労災保険　　113

業の実態において、時期的かつ場所的にそれらの元請負人に共通する下請負工事とみられる作業部分があって、その下請負工事を各下請負契約ごとに明確に区分できないときは、当該請負契約の内容にかかわらず、共同企業体の代表者を元請負人とし、当該下請負人の施工する工事を一括して、下請負契約したものとして取り扱い、当該下請負人の施工する工事については、共同企業体の代表者をして別個に労災保険関係を成立させること。

ハ　概算保険料の申告の際には、共同企業体協定書（各構成員の工事の分担を定めた協定書を含む。）の写し及び各分担工事額の決定に関する書類（上記ロの場合には各下請負契約書写しを含む。）を提出させること。

3　匿名施工方式について

発注者との関係において一業者の単独請負の形態を有する建設工事については、実際上2以上の業者が共同施工する匿名施工方式（いわゆる裏ベンチャー）をとっていても、建設工事を発注者から直接請負った業者を元請負人とし、共同施工にあたる他の業者を下請負人として労災保険関係を処理すること。

Ⅴ 労災保険の適用事業

 建物の解体工事が発注され、その後、建物の新築工事が発注される予定があります。労災保険を成立させる場合の事業の種類を教えてください。

A. 新築工事が目的である既設建築物解体工事は、新築工事の一環として、「建築事業」で労災保険を成立させます。

また、上記と同じように、発注者が同じで、ある区画を造成して、引き続き建物を建設するときは、労災保険の事業の種類は、「建築事業」になります。

関係する通達として、「土木建築事業における事業単位」（昭25.8.26基収第1161号）が次の通り発出されています。

> 1 請負による土木建築事業において2種類以上の事業を包括し各事業ごとに請負金額又は、使用労働者が区別されることのみをもって直ちに夫々独立した事業とは認めがたく夫々の規模、或いは関連性をも勘案し認定することが肝要である。
> 2 建築事業が主たる事業とみなされる場合において、たとえ他の業者が請負っても施工時期がほとんど同時である限りすべてを建築事業として取り扱うべきである。
> 3 完成されるべき工作物についての保険料率によるべきである。

労災保険の適用単位は、原則として事業単位であるため、1つの事業には1つの労災保険率が適用されることが原則となります。この適用単位である事業は、有期事業と継続事業に分けられます。

有期事業	事業の性質上一定の目的を達するまでの間に限り活動を行う事業で、木材の伐採事業、建物の建設工事等がこれに該当します。
継続事業	事業の性質上事業の期間が一般には予定し得ない事業で、有期事業以外の事業をいい、工場、鉱山、本社や支店等の事務所がこれに該当します。

　また、2以上の有期事業が一定の基準（徴収法第7条）に該当するときは、それらの事業を1つの事業とみなして、1つの保険関係が成立します。この場合、一括された事業は、継続事業に準じて取り扱われます。

　建設業では、上記の事業単位を次表に示す3つの区分で労災保険の加入手続をとります。

一括有期事業	請負金額が1億8000万円（消費税等相当額除く）未満でかつ概算保険料が160万円未満の工事
単独有期事業	一括有期事業に該当しない工事
継続事業	本社、支店、営業所、工場、研究所などの常設事業所

　建設事業に対する労災保険率は、次表に示す事業の種類によりそれぞれ保険料率が定められています。事業の種類の詳細については、労災保険適用事業細目表に掲載されています。

有期事業の場合

（平成30年4月1日現在）

事　業　の　種　類		労務費率（%）	労災保険率
水力発電施設、ずい道等新設事業		19	1000分の62
道路新設事業		19	1000分の11
舗装工事業		17	1000分の9
鉄道または軌道新設事業		24	1000分の9
建築事業（既設建築物設備工事業を除く）		23	1000分の9.5
既設建築物設備工事業		23	1000分の12
その他の建設事業		24	1000分の15
機械装置の組立または据付けの事業	組立てまたは取付けに関するもの	38	1000分の6.5
	その他のもの	21	1000分の6.5

継続事業の場合

（平成30年4月1日現在）

事業の分類	事業の種類	労災保険率
鉱業	採石業（岩石の採取など）	1000分の49
	その他の鉱業（砂利、砂の採取など）	1000分の26
製造業	コンクリート製造業	1000分の13
	機械器具製造業（機械工場など）	1000分の5
その他の事業	その他の各種事業（事務所など）	1000分の3

また、建設事業においては、分割、追加して工事の発注が行われる場合があり、それぞれの工事を一事業として取り扱うには不合理な面が生じます。そのため、原則として工作物が完成されるまでに行われる作業の一体として1つの事業として取り扱われます。

ただし、国または地方公共団体等が発注する長期間にわたる工事であって、予算上等の都合によりあらかじめ分割発注される工事については、分割された各工事を1つの事業として取り扱います（昭63．3．1基発第112号）。

建設事業における、事業単位の一般原則は次の通りです。

① 時期的、場所的に関連する分割発注は、一括発注の場合と同様に取り扱う。

② 完成されるべき工作物または主たる作業により事業の単位を区分する。

③ 付帯工事または追加工事は、主たる工事と直接的に関連のある工事かつ、主たる工事と同一時期または主たる工事が完成されるまでの一定時期において施工される工事である場合には、主たる事業の単位に含める。

Q49 外壁のリニューアル工事について労災保険をかける場合、事業の種類は何に該当しますか。

A. 建築物のリニューアル（改修）ですので、「建築事業」（労災保険率 1000 分の 9.5）に該当します。

「建築事業」とは、建築物および橋梁の新設、改修、復旧、維持、解体等を行う事業およびこれらに付帯して行われる事業を指し、事業の種類の細目としては「3501　鉄骨造り又は鉄骨鉄筋若しくは鉄筋コンクリート造りの家屋の建設事業」になります。

Q50 労災保険の下請分離をする条件と留意点を教えてください。

A.

下請分離を行うには、次の項目を満たす必要があります。

1　下請の請負金額が 1 億 8000 万円（消費税等相当額除く）以上、または概算保険料が 160 万円以上

2　原則として、元請の着工翌日から 10 日以内に、下記の書類を所轄労基署経由で、労働局へ提出すること（10 日過ぎてからの提出になると、遅延理由書の提出を求められます。）

① 　元請事業場に係る保険成立関係書類「保険関係成立届（様式第1 号）」

② 　「下請負人を事業主とする認可申請書（様式第 4 号）」および別紙（内訳書）

③ 　元請事業場と下請事業場との「労災保険料納付引受契約書」

④ 　発注者と元請事業場との「工事契約書」写し

V　労災保険の適用事業　119

⑤　元請事業場と下請事業場との「外注契約書（請書）」の写し

　　※④と⑤の書類については、労働局によって提出を求められる。

3　上記書類提出後、労働局長の認可があった時。

留意点としては、

①　商事会社等が元請であって、工事全部を下請に請負わせる場合であっても下請分離は承認されます。

②　2次下請には分離できません。分離可能は元請に対する1次下請のみです。

③　元請および下請の保険料計算方法は同じであることが必要です。

④　分離した下請の工事に対するメリット制の還付・追徴は当該下請の処理になります。

⑤　下請が保険料を払えなくなった場合などの問題が生じた場合、元請が責任を負うことを誓約させられます。

⑥　「労災保険」の範疇だけになりますが、下請事業者が法律上の事業主と認められることによって、下請事業者に災害防止の自主管理などの責任感、安全意識の向上を持つことが考えられます。

⑦　下請分離しても、災害等が発生した場合、元請は無関係とはいえず、安衛法上の問題、民法上の問題が残ります。

Ⅵ メリット制

Q51

第三者行為災害（物が飛来してきて怪我をした時、車にはねられて加害者が逃げた時）によって作業所の労災保険が適用されたときには、労災保険のメリット制に影響がありますか。

A.

設問のような第三者行為災害でもメリット制に影響はあります。

加害者が特定できない場合、保険給付額は全額がメリット制に影響します（自損扱い）。

加害者が特定でき、第三者災害において被災者へ保険給付をしたときは、国は保険給付を受けた者が第三者（加害者）に対して有する損害賠償の請求権を取得し、加害者に対して、給付額（過失責任割合例 50：50 の場合）を請求します。その差額分がメリット制に影響します。

【例】

保険給付額…100 万円

過失責任割合…50：50 の場合

請求額…100 万円× 0.5 ＝ 50 万円

精算保険給付額…100 万円－ 50 万円＝ 50 万円

※　通勤災害に該当する場合はメリット制の収支率には関係がありません。

労災保険のメリット制に関する改正（昭 48.11.22 発労徴第 85 号、基発第 645 号）

イ　通勤災害補償制度の実施に伴う改正

　通勤災害の性格およびメリット制の趣旨にかんがみ、通勤災害に係る保険給付の額および労災保険料の額は、継続事業についてのメリット労災保険率および有期事業についてのメリット確定保険料額の算定の基礎となる保険給付の額および労働保険料の額に含めないこととし、これに伴う規定の整理を行ったこと（徴収法第 12 条第 3 項および第 20 条第 1 項の改正、徴収則第 18 条から第 20 条まで、別表第 3、別表第 6 および別表第 7 の改正）。

Q 52

単独有期事業における労災保険のメリット還付金額の算定方法を分かりやすく教えてください。

A.

メリット制は、災害が少なければ支払った保険料の一部が還付（結果、保険料が安くなる）され、災害が多ければ追徴（結果、保険料が高くなる）されるというものです。したがって、安全衛生活動を積極的に行い、無災害で工事を終了することは企業の利益につながります。

メリット制は、行政が行い、後日、保険料を負担した事業主へ通知されます。

メリット収支率の算定式は、以下の通りです。

$$収支率（\%） = \frac{〔①保険給付の額 - ②特別支給金の額〕}{〔③保険料の額 \times ④調整率〕} \times 100$$

①保険給付の額

　　療養補償給付、休業補償給付、障害補償給付等の合計（通勤災害部分除く）

②特別支給金の額

　　休業特別支給金、障害特別支給金、特定疾病（振動障害、じん肺症、石綿による肺がん・中皮腫）に対し支払われた保険金等の合計（通勤災害部分除く）

③保険料の額

　　確定保険料の額から通勤災害部分を除いた額

④調整率

　　年金給付に要する費用などを考慮し保険料に乗ずる額（第1種・第2種調整率については125ページ【単独有期事業メリット・デメリット計算の考え方】参照。）

Ⅵ　メリット制　123

収支率を「有期事業におけるメリット制度による保険料増減率」（徴収法第 20 条関係）に当てはめ、還付・追徴額を計算します。

有期事業におけるメリット制度による保険料増減率
（労災保険率から非業務災害率を減じた率の増減）

保険給付の額と保険料の額との割合（収支率）	増　減　率	
	建設の事業	立木の伐採の事業
10％以下のもの	40％減ずる	35％減ずる
10％を超え 20％までのもの	35％減ずる	30％減ずる
20％を超え 30％までのもの	30％減ずる	25％減ずる
30％を超え 40％までのもの	25％減ずる	20％減ずる
40％を超え 50％までのもの	20％減ずる	15％減ずる
50％を超え 60％までのもの	15％減ずる	10％減ずる
60％を超え 70％までのもの	10％減ずる	
70％を超え 75％までのもの	5％減ずる	5％減ずる
75％を超え 85％までのもの	0	0
85％を超え 90％までのもの	5％増加する	5％増加する
90％を超え 100％までのもの	10％増加する	10％増加する
100％を超え 110％までのもの	15％増加する	
110％を超え 120％までのもの	20％増加する	15％増加する
120％を超え 130％までのもの	25％増加する	20％増加する
130％を超え 140％までのもの	30％増加する	25％増加する
140％を超え 150％までのもの	35％増加する	30％増加する
150％を超えるもの	40％増加する	35％増加する

実務として、次の具体例をあげて説明します。

【単独有期事業メリット・デメリット計算の考え方】

① 請負金額×労務費率×（当該保険料率－非業務災害率）＝業務災害に係る保険料

非業務災害率とは、通勤災害および２次健康診断等給付に係る率をいう。（0.6/1000）

② 業務災害に係る保険料×調整率（第１種または第２種）＝収支率計算に係る保険料

ア 竣工後３カ月を経過した時点から６カ月経過時点までに保険の給付がなかった場合、第１種調整率（63/100）が適用される。

イ 上記以外の場合、竣工後９カ月経過時点で第２種調整率（50/100）が適用される。

③ 保険給付等の額÷収支率計算に係る保険料×100＝収支率（％）

ア 保険給付等の額は、業務災害に関して支払われた保険給付の額（療養給付、休業補償等）

イ 収支率をメリット・デメリット増減表に当てはめると、増減額が決まる。

④ 業務災害に係る保険料×当該収支率に伴う増減の割合＝還付額または追徴額

【単独有期事業メリット・デメリット計算例】

では、実際に次の条件で、メリット・デメリットを計算してみましょう。

①工事名…労研事務所新築工事

②事業の種類…その他の建設工事（労務費率24％、保険料率15/1000）

③請負金額（当初）…10億円

④追加請負契約金額…4億円

⑤保険料の計算方法…請負金額を基礎とする

⑥保険給付の額（通勤災害部分を除く）…80万円

⑦竣工後3カ月経過時点から6カ月経過時点まで保険給付の請求なし
　…第1種調整率適用（第1種調整率63/100）

⑧通勤災害用の保険料率…0.6/1000

＜計算式＞

① （1,000,000,000円＋400,000,000円）×0.24×（15/1000－0.6/1000）＝4,838,400円（業務災害に係る保険料）

② 4,838,400円×63/100＝3,048,192円（収支率計算に係る保険料）

③ 800,000円÷3,048,192円×100＝26.2451（収支率）

　　収支率は26.2％で「収支率が20％を超え30％までのもの」に該当するため、増減の割合は「30％減」となります。よって、

④ 4,838,400円×0.3＝1,451,520円

　以上のように、「労研事務所新築工事」におけるメリット制度による保険料の増減額は、1,451,520円の還付ということになります。

第4章
給付の実務
Q & A

I 労災保険の給付

Q53 3年前に現場で怪我をしましたが、労災保険で治療を行い治ゆしました。しかし現在、怪我をした部位に痛みがあります。このように再発したとき、労災保険での治療はできますか。

A. 最初に怪我をしたときの症状と現在の症状との間に相当の因果関係が証明され、旧傷病の治ゆ時の状態と比較して現在は悪化しており、治療すればその効果が期待できる、と労基署が認めれば「再発」と認定されます。

　手続としては最初に、労災指定病院に「療養補償給付たる療養の給付請求書」を提出します。次に再発後の初診の日時・症状・治療の経過・旧傷病との関係などについての診断書を医師に書いてもらい、本人が療養の給付請求書（すでに病院等へ出したものの写し）と一緒に労基署に持参し、担当官に口頭で詳細に説明を行います。

　労基署は必要な調査を行い、再発か否かを決定します。もし再発でないとされて、その決定に不服があるときは、労働者災害補償保険審査官に審査請求を起こすこともできます（労災保険法第38条第1項）。

業務上の負傷又は疾病が再発した場合（昭23.1.9基災発第13号）

　業務上の負傷又は疾病が再発した場合の取扱いについては次の通りである。

128　第4章　給付の実務Q&A

（1）再発は、原因である業務上の負傷又は疾病の連続であって、独立した別個の負傷又は疾病ではないから引続き災害補償は行われるべきである。

（2）解雇後といえども再発と認定される限り災害補償は行われるべきである。

（3）解雇後における再発の場合の休業補償費はその原因たる業務上の負傷又は疾病を事由として労働基準法第12条により算定した平均賃金をもって算定する。

治ゆの解釈（昭23. 1 .13 基災発第3号）

治ゆとは、症状が安定し、疾病が固定した状態にあるものをいうのであって、治療の必要がなくなったものである。

即ち、

（1）負傷にあっては創面の治ゆした場合

（2）疾病にあっては急性症状が消退し慢性症状は持続しても医療効果を期待し得ない状態となった場合

等であって、これらの結果として残された欠損、機能障害、神経症状等は障害として障害補償の対象となるものである。

Q54 障害補償年金を受給中、傷病が再発しました。治療が必要となった場合、年金の取扱いはどうなりますか。また、療養の費用は支給されるのでしょうか。

A. 障害補償年金の受給者が、年金を受給される原因となった傷病が再発し、療養が必要になった場合、障害補償年金の支給は停止されます。

この場合の取扱いとしては、再び必要な療養補償給付と休業補償給付が行われます。

手続としては、年金の支給決定を受けた労基署に「障害補償年金受給者再発届」（年金申請様式第5号）を届け出て、療養を受ける労災指定病院等に対して、「療養補償給付たる療養の給付請求書」を提出し、労基署長の認定を受けて療養することになります。

なお、傷病補償年金から障害補償年金へ移行した受給者で、再発した傷病の状態が傷病等級に該当する場合は、再び傷病補償年金の支給と必要な療養補償給付が行われ、傷病等級に該当しない場合は、療養補償給付と休業補償給付が行われます。

130　第4章　給付の実務Q&A

Q55
被災者の休業補償期間中、明らかに治ゆしているだろうと思われていても本人が「痛い」と訴え、医師の証明がもらえれば、休業補償は認められ継続するのですか。また、労基署の判断基準はあるのでしょうか。

A. 明らかに治ゆしているだろうと思われていても、本人が「痛い」と訴えて医者から「療養のため労働することができなかったと認められる期間」の証明をもらい、「賃金を受けない日」があれば休業補償給付を請求することはできます。

ただし、休業補償請求は当事者請求ですので、事業主として「療養のため労働できなかった期間」と認めづらい場合は、その期間を空欄にして労基署の判断を仰ぐこととなります。

労基署は治療の状況、期待性、また療養のために労働ができないか等を総合的に判断して給付決定を行います。

「休業補償給付は、労働者が業務上の負傷又は疾病による療養のため労働することができないために賃金を受けない日の第4日目から支給するものとし」（労災保険法第14条）と定められ、休業補償給付請求を行う場合には、事業主から「療養のため労働できなかった期間」の証明と、診療担当者から「療養のため労働することができなかったと認められる期間」の証明を受けることが必要です。

Ⅰ　労災保険の給付　　131

Q56 労災保険における休業補償給付に関し、休業の第4日目から支給するとされていますが、この休業日には災害発生の当日や休日（土・日曜日、祝祭日等）を含むのでしょうか。また、労働者死傷病報告では、休業の日数が4日に満たないか否かで届出方法が異なります。この休業の起算日や手続の留意事項についても併せて教えてください。

A.

【休業補償給付】

　労災保険は、労働者が業務上の事由による負傷や疾病等を負った場合に、必要な保険給付を行うことを目的としており、その保険給付の1つに休業補償給付があります。休業補償給付は、

　「労働者が

　①　業務上の負傷又は疾病による療養のため

　②　労働することができないために

　③　賃金を受けない日の第4日目から支給するもの」

とされます（労災保険法第14条第1項）。

　労災保険では、休業した第1日目から第3日目までは休業補償給付の支給対象外となり、この3日間の期間を「待期期間」といいます。休業補償給付の対象となる休業日は、上記①から③の要件をすべて満たしていればよく、途中に休日（土・日曜日、祝祭日等）があっても休業日になります。判例では「休業補償給付は、労働者が業務上の傷病により療養のため労働不能の状態にあって賃金を受けることができない場合に支給されるものであり、右の条件を具備する限り、その者が休日又は出勤停止の懲戒処分を受けた等の理由で雇用契約上賃金請

132　第4章　給付の実務Q&A

求権を有しない日についても、休業補償給付の支給がされると解するのが相当である。」としています（浜松労基署長（雪島鉄工所）事件昭58.10.13最一小判）。

　以上により、例えば週3日しか勤務しないパート作業員が、業務中に負傷し、その治療のために7日入院し休業した場合、休業4日目から7日目までの4日分の休業補償給付を受けることができます。

　休業日の起算については、災害発生当日の休業に対して、災害が発生し休業した時刻が所定労働時間内であれば災害発生当日を休業日（待期期間の第1日目）とし、災害発生が所定労働時間後の残業時間であれば、その翌日から起算します（「所定労働時間の一部休業の場合のみ負傷当日を休業日数に算入するものである。」昭27. 8. 8基収第3208号）。

　休業補償給付の額は、1日につき給付基礎日額（※1）の100分の60に相当する額です（労災保険法第14条第1項）。

　3日間の待期期間には休業補償給付はありませんが、使用者は、別途この待期期間につき、労働者に平均賃金の100分の60の休業補償を行わなければなりません（労基法第76条第1項）。ただし、「休業最初の3日間について使用者が平均賃金の60％以上の金額を支払った場合には、特別の事情がない限り休業補償が行われたものとして取り扱うこと。」（昭40. 7.31基発第901号）との行政解釈があります。

　なお、労災保険では、通勤災害においても業務災害と同様の休業給付がありますが（労災保険法第22条の2）、待期期間に対する使用者の休業補償については、法律に特段の定めがないことより、その義務はありません。

※1：給付基礎日額
　基本的には、業務上または通勤による負傷や死亡の原因となった事故が発生した日または医師の診断によって疾病の発生が確定した

Ⅰ　労災保険の給付　　133

日（賃金締切日が定められているときは、その日の直前の賃金締切日）の直前3カ月間にその労働者に対して支払われた賃金の総額を、その期間の暦日数で割った1暦日あたりの賃金額

【労働者死傷病報告】

労働者が労働災害等で負傷等した場合、事業者は、遅滞なく、労働者死傷病報告を所轄の労基署長に提出しなければならないと定められています（安衛法第100条、安衛則第97条第1項）。

ただし、休業の日数が4日に満たないときは、3カ月ごと（1月から3月まで、4月から6月まで、7月から9月までおよび10月から12月までの期間について、各期間の最後の月の翌月末日まで）に提出することとなっています（安衛則第97条第2項）。

労働者死傷病報告の休業日の起算については、労働災害等が発生した日の翌日を第1日目とします。これは、期間の計算方法について、民法で「日、週、月又は年によって期間を定めたときは、期間の初日は、算入しない。ただし、その期間が午前零時から始まるときは、この限りでない。」（民法第140条）という原則が定められているからです。これを「初日不算入の原則」といい、民法以外の分野でも期間の計算方法として適用されますが、個別の法律に、これと異なる定めがある場合はそれに従います。なお、※2に労災保険と労働者死傷病報告の休業日の数え方を図示しておきます。

また、派遣労働者が派遣中に労働災害等により休業等したときは、派遣先および派遣元の事業者双方が、派遣先の事業場の名称等を記載した労働者死傷病報告を作成し、それぞれが所轄の労基署長に提出する必要がありますので注意してください（労働者派遣法第45条第15項）。

※2：休業日数の数え方

労　災　保　険			労働者死傷病報告
	災害が所定労働時間内に発生した場合	災害が所定労働時間外（残業時）に発生した場合	様式23号は遅滞なく、様式24号は3カ月ごと労基署に報告
1日目	災害発生 休業第1日目	災害発生	災害発生
2日目	休業第2日目	休業第1日目	休業第1日目
3日目	休業第3日目	休業第2日目	休業第2日目
4日目	休業第4日目	休業第3日目	休業第3日目
5日目	休業第5日目	休業第4日目	休業第4日目

（1日目〜3日目：待期期間／2日目〜4日目：待期期間）

【手続の留意事項】

　労災保険の給付は、被災労働者自らが請求することになっていますが、保険給付の請求書について、労働災害の発生年月日、災害の原因および発生状況を事業主が証明することとなっています。建設の事業は、数次の請負によって行われており、その事業を一の事業とみなし、元請負人のみを当該事業の事業主とすると定められていますので（徴収法第8条、徴収則第7条）、下請の労働者が被災した場合でも、この証明は元請負人が行うことになります。

　他方、労働者死傷病報告を提出しなければならない事業者は、法律上特段の定めがありませんので、被災労働者の雇用主ということになり、下請の労働者が被災した場合には、その下請の会社が提出するこ

I　労災保険の給付　135

とになります。

　労働者死傷病報告そのものは、単に労働災害等の発生という事実を報告するもので、これによって事業者に特段の権利や義務を発生させるものではありませんが、労災保険の給付手続と密接に関連しています。

　通常、建設工事現場で労働災害が発生した場合、元請の主導で労働者死傷病報告の提出や労災保険の給付手続が進められることが多いと思いますが、両手続で書面の作成者が異なることから、その提出時期や記載内容に齟齬が生じると、労災保険の給付手続に支障を生じたり、虚偽の報告や申請にあたるため、関係者間で、充分確認連絡のうえ、手続を進める必要があります。

Q57 休業補償から障害認定に切り替える基準（線引き）はありますか。

A. 労働者が、業務上または通勤により負傷したり、疾病にかかって療養休業を余儀なくされた場合、療養（補償）給付、休業（補償）給付が支給されます。これは、傷病が治ゆし休業の必要がなくなるまで行われますが、この「治ゆ」とは、傷病の症状が安定し、医学上一般に認められた医療を行ってもその医療効果が期待できなくなったときをいい、これを「症状固定」といいます。したがって、「治ゆ」とは、必ずしも元の身体状態に回復した場合だけをいうものではありません。

「治ゆ」した場合において、障害が残存し、その障害が障害等級表に該当する場合、その障害の程度に応じて次のとおり支給されます。

① 障害等級第1級から第7級に該当するとき

　障害（補償）年金、障害特別支給金、障害特別年金

② 障害等級第8級から第14級に該当するとき

　障害（補償）一時金、障害特別支給金、障害特別一時金

障害補償年金は、傷病補償年金のように療養開始後1年6カ月を経過した後に労働基準監督署長の職権により支給を決定することはできません。

なお、障害補償給付と特別支給金額については次表を参照してください。

I　労災保険の給付　137

【障害補償給付と特別支給金額】

○障害等級1級

【身体障害】

1　両眼が失明したもの

2　そしゃく及び言語の機能を廃したもの

3　神経系統の機能又は精神に著しい障害を残し、常に介護を要するもの

4　胸腹部臓器の機能に著しい障害を残し、常に介護を要するもの

5　削除

6　両上肢をひじ関節以上で失ったもの

7　両上肢の用を全廃したもの

8　両下肢をひざ関節以上で失ったもの

9　両下肢の用を全廃したもの

【障害補償年金または障害補償一時金】給付基礎日額の313日分の年金

【障害特別支給金】一時金342万円

【障害特別年金または障害特別一時金】特別給与に関する基礎日額の313日分の年金

○障害等級2級

【身体障害】

1　1眼が失明し、他眼の視力が0.02以下になったもの

2　両眼の視力が0.02以下になったもの

2の2　神経系統の機能又は精神に著しい障害を残し、随時介護を要するもの

2の3　胸腹部臓器の機能に著しい障害を残し、随時介護を要するもの

3　両上肢を手関節以上で失ったもの

4　両下肢を足関節以上で失ったもの

【障害補償年金または障害補償一時金】給付基礎日額の277日分の年金

【障害特別支給金】一時金320万円

【障害特別年金または障害特別一時金】特別給与に関する基礎日額の277日分の年金

○障害等級3級

【身体障害】
1　1眼が失明し、他眼の視力が0.06以下になったもの
2　そしゃく又は言語の機能を廃したもの
3　神経系統の機能又は精神に著しい障害を残し、終身労務に服することができないもの
4　胸腹部臓器の機能に著しい障害を残し、終身労務に服することができないもの
5　両手の手指の全部を失ったもの

【障害補償年金または障害補償一時金】給付基礎日額の245日分の年金

【障害特別支給金】一時金300万円

【障害特別年金または障害特別一時金】特別給与に関する基礎日額の245日分の年金

○障害等級4級

【身体障害】
1　両眼の視力が0.06以下になったもの
2　そしゃく及び言語の機能に著しい障害を残すもの
3　両耳の聴力を全く失ったもの
4　1上肢をひじ関節以上で失ったもの
5　1下肢をひざ関節以上で失ったもの
6　両手の手指の全部の用を廃したもの
7　両足をリスフラン関節以上で失ったもの

【障害補償年金または障害補償一時金】給付基礎日額の213日分の年金

【障害特別支給金】一時金264万円

【障害特別年金または障害特別一時金】特別給与に関する基礎日額の213日分の年金

○障害等級５級

【身体障害】
1　1眼が失明し、他眼の視力が0.1以下になったもの
1の2　神経系統の機能又は精神に著しい障害を残し、特に軽易な労務以外の労務に服することができないもの
1の3　胸腹部臓器の機能に著しい障害を残し、特に軽易な労務以外の労務に服することができないもの
2　1上肢を手関節以上で失ったもの
3　1下肢を足関節以上で失ったもの
4　1上肢の用を全廃したもの
5　1下肢の用を全廃したもの
6　両足の足指の全部を失ったもの

【障害補償年金または障害補償一時金】給付基礎日額の184日分の年金

【障害特別支給金】一時金225万円

【障害特別年金または障害特別一時金】特別給与に関する基礎日額の184日分の年金

○障害等級６級

【身体障害】
1　両眼の視力が0.1以下になったもの
2　そしゃく又は言語の機能に著しい障害を残すもの
3　両耳の聴力が耳に接しなければ大声を解することができない程度になったもの
3の2　1耳の聴力を全く失い、他耳の聴力が40cm以上の距離では普通の話声を解することができない程度になったもの
4　せき柱に著しい変形又は運動障害を残すもの
5　1上肢の3大関節中の2関節の用を廃したもの
6　1下肢の3大関節中の2関節の用を廃したもの
7　1手の5の手指又は母指を含み4の手指を失ったもの

【障害補償年金または障害補償一時金】給付基礎日額の156日分の年金

【障害特別支給金】一時金192万円

【障害特別年金または障害特別一時金】特別給与に関する基礎日額の156日分の年金

○障害等級7級

【身体障害】

1　1眼が失明し、他眼の視力が0.6以下になったもの

2　両耳の聴力が40cm以上の距離では普通の話声を解することができない程度になったもの

2の2　1耳の聴力を全く失い、他耳の聴力が1m以上の距離では普通の話声を解することができない程度になったもの

3　神経系統の機能又は精神に障害を残し、軽易な労務以外の労務に服することができないもの

4　削除

5　胸腹部臓器の機能に障害を残し、軽易な労務以外の労務に服することができないもの

6　1手の母指を含み3の手指又は母指以外の4の手指を失ったもの

7　1手の5の手指又は母指を含み4の手指の用を廃したもの

8　1足をリスフラン関節以上で失ったもの

9　1上肢に偽関節を残し、著しい運動障害を残すもの

10　1下肢に偽関節を残し、著しい運動障害を残すもの

11　両足の足指の全部の用を廃したもの

12　外貌に著しい醜状を残すもの

13　両側のこう丸を失ったもの

【障害補償年金または障害補償一時金】給付基礎日額の131日分の年金

【障害特別支給金】一時金159万円

【障害特別年金または障害特別一時金】特別給与に関する基礎日額の131日分の年金

○障害等級8級

【身体障害】

1　1眼が失明し、又は1眼の視力が0.02以下になったもの

2　せき柱に運動障害を残すもの

3　1手の母指を含み2の手指又は母指以外の3の手指を失ったもの

4　1手の母指を含み3の手指又は母指以外の4の手指の用を廃したもの

5　1下肢を5cm以上短縮したもの

6　1上肢の3大関節中の1関節の用を廃したもの

7　1下肢の3大関節中の1関節の用を廃したもの

8　1上肢に偽関節を残すもの

9　1下肢に偽関節を残すもの

10　1足の足指の全部を失ったもの

【障害補償年金または障害補償一時金】給付基礎日額の503日分の一時金

【障害特別支給金】一時金65万円

【障害特別年金または障害特別一時金】特別給与に関する基礎日額の503日分の一時金

○障害等級9級

【身体障害】
1　両眼の視力が0.6以下になったもの
2　1眼の視力が0.06以下になったもの
3　両眼に半盲症、視野狭さく又は視野変状を残すもの
4　両眼のまぶたに著しい欠損を残すもの
5　鼻を欠損し、その機能に著しい障害を残すもの
6　そしゃく及び言語の機能に障害を残すもの
6の2　両耳の聴力が1m以上の距離では普通の話声を解することができない程度になったもの
6の3　1耳の聴力が耳に接しなければ大声を解することができない程度になり、他耳の聴力が1m以上の距離では普通の話声を解することが困難である程度になったもの
7　1耳の聴力を全く失ったもの
7の2　神経系統の機能又は精神に障害を残し、服することができる労務が相当な程度に制限されるもの
7の3　胸腹部臓器の機能に障害を残し、服することができる労務が相当な程度に制限されるもの
8　1手の母指又は母指以外の2の手指を失ったもの
9　1手の母指を含み2の手指又は母指以外の3の手指の用を廃したもの
10　1足の第1の足指を含み2以上の足指を失ったもの
11　1足の足指の全部の用を廃したもの
11の2　外貌に相当程度の醜状を残すもの
12　生殖器に著しい障害を残すもの

【障害補償年金または障害補償一時金】給付基礎日額の391日分の一時金

【障害特別支給金】一時金50万円

【障害特別年金または障害特別一時金】特別給与に関する基礎日額の391日分の一時金

I　労災保険の給付　143

○障害等級 10 級

【身体障害】
1　1眼の視力が0.1以下になったもの
1の2　正面視で複視を残すもの
2　そしゃく又は言語の機能に障害を残すもの
3　14歯以上に対し歯科補てつを加えたもの
3の2　両耳の聴力が1m以上の距離では普通の話声を解することが困難である程度になったもの
4　1耳の聴力が耳に接しなければ大声を解することができない程度になったもの
5　削除
6　1手の母指又は母指以外の2の手指の用を廃したもの
7　1下肢を3cm以上短縮したもの
8　1足の第1の足指又は他の4の足指を失ったもの
9　1上肢の3大関節中の1関節の機能に著しい障害を残すもの
10　1下肢の3大関節中の1関節の機能に著しい障害を残すもの

【障害補償年金または障害補償一時金】給付基礎日額の302日分の一時金

【障害特別支給金】一時金39万円

【障害特別年金または障害特別一時金】特別給与に関する基礎日額の302日分の一時金

○障害等級 11 級

【身体障害】
1　両眼の眼球に著しい調節機能障害又は運動障害を残すもの
2　両眼のまぶたに著しい運動障害を残すもの
3　1眼のまぶたに著しい欠損を残すもの
3の2　10歯以上に対し歯科補てつを加えたもの
3の3　両耳の聴力が1m以上の距離では小声を解することができない程度になったもの
4　1耳の聴力が40cm以上の距離では普通の話声を解することができない程度になったもの
5　せき柱に変形を残すもの
6　1手の示指、中指又は環指を失ったもの
7　削除
8　1足の第1の足指を含み2以上の足指の用を廃したもの
9　胸腹部臓器の機能に障害を残し、労務の遂行に相当な程度の支障があるもの

【障害補償年金または障害補償一時金】給付基礎日額の 223 日分の一時金

【障害特別支給金】一時金 29 万円

【障害特別年金または障害特別一時金】特別給与に関する基礎日額の 223 日分の一時金

Ⅰ　労災保険の給付　　145

○障害等級 12 級

【身体障害】

1　1眼の眼球に著しい調節機能障害又は運動障害を残すもの

2　1眼のまぶたに著しい運動障害を残すもの

3　7歯以上に対し歯科補てつを加えたもの

4　1耳の耳かくの大部分を欠損したもの

5　鎖骨、胸骨、ろっ骨、肩こう骨又は骨盤骨に著しい変形を残すもの

6　1上肢の3大関節中の1関節の機能に障害を残すもの

7　1下肢の3大関節中の1関節の機能に障害を残すもの

8　長管骨に変形を残すもの

8の2　1手の小指を失ったもの

9　1手の示指、中指又は環指の用を廃したもの

10　1足の第2の足指を失ったもの、第2の足指を含み2の足指を失ったもの又は第3の足指以下の3の足指を失ったもの

11　1足の第1の足指又は他の4の足指の用を廃したもの

12　局部にがん固な神経症状を残すもの

13　削除

14　外貌に醜状を残すもの

【障害補償年金または障害補償一時金】給付基礎日額の 156 日分の一時金

【障害特別支給金】一時金 20 万円

【障害特別年金または障害特別一時金】特別給与に関する基礎日額の 156 日分の一時金

○障害等級 13 級

【身体障害】

1　1眼の視力が 0.6 以下になったもの

2　1眼に半盲症、視野狭さく又は視野変状を残すもの

2の2　正面視以外で複視を残すもの

3　両眼のまぶたの一部に欠損を残し又はまつげはげを残すもの

3の2　5歯以上に対し歯科補てつを加えたもの

3の3　胸腹部臓器の機能に障害を残すもの

4　1手の小指の用を廃したもの

5　1手の母指の指骨の一部を失ったもの

6　削除

7　削除

8　1下肢を 1cm 以上短縮したもの

9　1足の第3の足指以下の1又は2の足指を失ったもの

10　1足の第2の足指の用を廃したもの、第2の足指を含み2の足指の用を廃したもの又は第3の足指以下の3の指の用を廃したもの

【障害補償年金または障害補償一時金】給付基礎日額の 101 日分の一時金

【障害特別支給金】一時金 14 万円

【障害特別年金または障害特別一時金】特別給与に関する基礎日額の 101 日分の一時金

○障害等級 14 級

【身体障害】

1　1眼のまぶたの一部に欠損を残し、又はまつげはげを残すもの

2　3歯以上に対し歯科補てつを加えたもの

2の2　1耳の聴力が1m以上の距離では小声を解することができない程度になったもの

3　上肢の露出面にてのひらの大きさの醜いあとを残すもの

4　下肢の露出面にてのひらの大きさの醜いあとを残すもの

5　削除

6　1手の母指以外の手指の指骨の一部を失ったもの

7　1手の母指以外の手指の遠位指節間関節を屈伸することができなくなったもの

8　1足の第3の足指以下の1又は2の足指の用を廃したもの

9　局部に神経症状を残すもの

10　削除

【障害補償年金または障害補償一時金】給付基礎日額の56日分の一時金

【障害特別支給金】一時金8万円

【障害特別年金または障害特別一時金】特別給与に関する基礎日額の56日分の一時金

備考

1　視力の測定は、万国式試視力表による。屈折異常のあるものについてはきょう正視力について測定する。

2　手指を失ったものとは、母指は指節間関節、その他の手指は近位指節間関節以上を失ったものをいう。

3　手指の用を廃したものとは、手指の末節骨の半分以上を失い、または中手指節関節もしくは近位指節間関節（母指にあっては指節間関節）に著しい運動障害を残すものをいう。

4　足指を失ったものとは、その全部を失ったものをいう。

5　足指の用を廃したものとは、第一の足指は末節骨の半分以上、その他の足指は遠位指節間関節以上を失ったものまたは中足指節関節若しくは近位指節間関節（第一の足指にあっては指節間関節）に著しい運動障害を残すものをいう。

Q58 労災保険での障害等級と身体障害者手帳の障害等級が違っています。なぜ、等級が違うのですか。

A. 労災保険の「障害等級」と身体障害者手帳の「障害等級」は、それぞれ異なる制度によって定められています。

身体障害者手帳の障害等級は、身体障害者福祉法による「身体障害者障害程度等級法」に該当する等級です。労災保険の障害等級は、労災保険法により、労働能力の喪失の程度に応じて決められた「障害等級表」に該当する等級になります。

互いの法律により運用されているため、等級に違いが生じているのです。

I　労災保険の給付　149

Q59 労災保険から遺族補償年金を受ける場合、死亡労働者の死亡の当時その収入によって生計を維持していたことが要件とされていますが、この〝生計を維持〟していたとはどのようなことでしょうか。

A. 「労働者の死亡の当時その収入によって生計を維持していた」か否かは、労働者の死亡当時において、その収入によって日常の消費生活の全部または一部を営んでおり、死亡した労働者の収入がなければ、通常の生活水準を維持することが困難となるような関係（生計維持関係）が、常態であったか否かにより判断することになります。

なお、「生計を維持していた」とは、1個の生計単位の構成員ということです（生計を同じくしていた、と同義）。したがって、生計を維持されていることを要せず、また必ずしも同居していることを要しません。また、生計を維持されている場合には生計を同じくしているものと推定して差し支えないとしています（昭41.1.31基発第73号）。

「1個の生計単位の構成員である」とは、生計費の全部または一部を共同計算することによって日常生活を営むグループの一員であるということであって、必ずしも同じ屋根の下に居ることは要しません。よって、下宿人や間借人は、一般に貸主と同居しているとはいえても生計を同じくしているとは当然いえません。

「遺族補償年金の受給者の範囲」（労災保険法第16条の2第1項）においては、「遺族補償年金を受けることができる遺族は、労働者の配偶者、子、父母、孫、祖父母及び兄弟姉妹であって、労働者の死亡の当時その収入によって生計を維持していたものとする。」としています。

また、内縁関係については同じく労災保険法第16条の2第1項に

150　第4章　給付の実務Q＆A

おいて、「婚姻の届出をしていないが、事実上婚姻関係と同様の事情にあった者を含む。」としています。

ただし、ここで問題になるのは、婚姻の届出をしていない「内縁関係」にある配偶者の場合の受給権の有無をどう判断するかということです。

この場合、当事者間に社会通念上夫婦の共同生活と認められる事実関係を成立させようとする合意があり、かつ、当事者間に社会通念上夫婦の共同生活と認められる事実関係が存在することの要件が備わっていれば、受給権があると考えられます。例えば戸籍上独身の労働者に内縁関係の妻がいて、その労働者が不幸にも業務災害で死亡した場合、内縁関係の妻は遺族補償年金の受給権者とみなされます。

I 労災保険の給付　151

Q60

遺族補償年金を労災保険から受給している遺族が再婚した場合の年金受給の取扱いについて教えてください。また、障害補償年金を受給しているケースについても教えてください。

A. 遺族補償年金の受給権消滅事由の1つに、「婚姻（届出をしていないが、事実上婚姻関係と同様の事情にある場合を含む。）をしたとき」という事項があります。設問の場合はこれに該当し、受給権は消滅します。また、子供がいる場合は、次順位者である子が受給権者となります。

では、子供の受給権が消滅する場合はどうでしょう。

子の受給権消滅事由の1つに、「直系血族または直系姻族以外の者の養子（届出をしていないが、事実上養子縁組関係と同様の事情にある者を含む。）となったとき」とあります。

再婚後に子が配偶者と養子縁組をしても、再婚相手の直系姻族にあたりますので、受給権を失うことにはなりません。

次に障害補償年金のケースです。障害補償年金を受けている人が再婚しても、障害補償年金の受給権は失権しません。

これは、障害補償年金の受給権者は当事者本人ということだからです。ただし、婚姻により氏名に変更があった場合は、「年金証書再交付申請書」に戸籍謄本と年金証書を添えて支給決定を受けた労基署に提出し、新しい氏名で年金証書の交付を受ける必要があります。

152　第4章　給付の実務Q＆A

Ⅱ　時効の取扱い

Q61
労災保険の各種給付や労働保険の徴収についての時効について教えてください。

A.　労災保険の各種保険給付を受ける権利（労基署に対して支給決定を請求する権利）は、労災保険法第42条および労働者災害補償保険特別支給金支給規則に規定されています。

①2年で請求権が消滅するもの

- 療養（補償）給付
- 休業（補償）給付
- 休業特別支給金
- 葬祭料（葬祭給付）
- 介護（補償）給付
- 二次健康診断等給付

②5年で請求権が消滅するもの

- 障害（補償）給付
- 障害特別支給金
- 障害特別一時金
- 障害特別年金
- 遺族（補償）給付
- 遺族特別支給金
- 遺族特別年金
- 遺族特別一時金
- 傷病特別支給金

・傷病特別年金

なお、傷病（補償）年金は、請求によらないで給付されるため「時効」とは関係ありません。

また、徴収法にも「時効」（第41条）が次のように規定されています。

1　労働保険料その他この法律の規定による徴収金を徴収し、又はその還付を受ける権利は、2年を経過したときは、時効によって消滅する。

2　政府が行う労働保険料その他この法律の規定による徴収金の告知又は督促は、民法（明29年法律第89号）第153条の規定にかかわらず、時効中断の効力を生ずる。

精算還付金等の時効の起算日は、単独有期事業の場合、事業の廃止または終了の日の翌日となっています。

第5章
その他の実務
Q & A

I 労災の取扱い

Q62

明らかに本人の不注意による怪我で、本人も「労災なんて恥ずかしい」と言って自分の怪我は責任をもって自分で治す、「今後いかなる場合でも元請・事業者に迷惑をかけない、費用の請求もしない」と一筆入れると言い張った場合でも、労災保険を適用した方が良いでしょうか。また、上記のような念書は法律的に効力がありますか。

A.

本人がわざと怪我をした場合を除き、不注意による怪我も業務起因性と業務遂行性が認められれば業務上の災害ですので、労災保険を適用した方が良いと思われます。

労基法第75条では、「労働者が業務上負傷し、又は疾病にかかった場合においては、使用者は、その費用で必要な療養を行い、又は必要な療養の費用を負担しなければならない。」と定められており、たとえ本人の申し出によっても労働者に費用を負担させることは違法です。また違反した場合は、罰則が定められていて、6カ月以下の懲役または30万円以下の罰金に処せられます（労基法第119条）。

労災保険を適用せずに元請会社や事業主の負担で治療をすることは違法ではありませんが、治療が長引いたり後遺症が残るなど不測の事態が発生した場合の費用は膨大なものになるので、労災保険による治療を行うべきと思われます。

また、健康保険による受診は詐欺行為になりますので、使ってしまった場合は早急に労災扱いまたは自費扱いに変更してもらう必要があります。

念書等の合意文書があっても労基法違反の責任は免れません。また、症状が悪化するなどして後ほど争いになった場合でも、このような念書は「不適法な合意・公序良俗に反する契約」として何の役にも立ちません。

なお、休業を伴った場合は事業主は「労働者死傷病報告書」を労基署に提出しなければなりません。「労働者死傷病報告書」は労災保険を適用したから労基署に提出する、労災保険を適用しなければ提出しないというものではありません。また、被災者が「恥ずかしい」とか本人の要請だとかとは関係なく、事業主が行わなければならない法律に定められたことです。被災者の要請があろうとなかろうと、事業主が「労働者死傷病報告」の提出を怠ると、いわゆる「労災かくし」として安衛法の処罰対象となります。

以上のことから、労災保険の請求者は本人ですので、本人に対して「労災で処理をすることが誰にも迷惑を掛けない最善の方法である」ことを納得してもらうことが必要と思われます。

Q63 現認者がなく、軽い擦り傷程度を自己申告してきた作業員がいます。労災として扱いましたが、翌朝には療養のためとして帰宅してしまいました。このような作業員への対処方法を教えてください。

A. 労災保険法第12条の2の2では、労働者が、故意に負傷、疾病、障害もしくは死亡またはその直接の原因となった事故を生じさせたときは、保険給付を行わないとされています。設問のような場合、災害発生状況が分かるのは本人のみであり、故意であるか否かの判断はできず、業務時間内であれば労災として扱わざるをえないと思われますが、発生状況をよく確認するとともに、緊急性がない場合には労基署に相談することが望ましいと思われます。また、緊急を要する場合には、医師に事情を説明し、自費で治療を受けた後ただちに労基署に相談する方法もあると思われます。

　労災保険法第12条の3第1項では、偽りその他不正の手段により保険給付を受けた者があるときは、その保険給付に要した費用に相当する金額の全部または一部をその者から徴収することができるとなっています。労災保険法第12条の3第2項では、事業主が虚偽の報告または証明をしたためその保険給付が行われたものであるときは、その事業主に対し、保険給付を受けた者と連帯して徴収金を納付すべきことを命ずることができるとなっています。

　以上により、保険給付の請求では、事業主の証明も必要なことから、虚偽の証明をした場合には事業主もその費用を徴収されることになり、よく発生状況が把握できない災害では、安易な判断をせず労基署に相談することが重要であると考えられます。

Q64 建設現場で負傷し、自分で病院に行き治療してしまった作業員がいます。数カ月後、後遺症が残ったとして労基署に行き、労働災害が発覚しましたが、元請社員等はその事実を全く知りませんでした。このような事例の場合の対処方法をご教示ください。

A. 労災保険法第12条の8第2項では、保険給付は補償を受けるべき労働者もしくは遺族または葬祭を行う者に対し、その請求に基づき行うとされており、保険給付を受けるか否かは本人の自由です。

しかしながら、保険給付を受けるか否かにかかわらず、事業者は休業を伴う労働災害が発生した場合には労働者死傷病報告を提出しなければなりません。設問の場合、「労災かくし」も疑われる事例ですので、労基署に対して災害発生等を全く知らなかった事実関係を正直に説明し、労基署の指示に従うしかないと思われます。また、これらの事実が分かった時点では、早急にその事実関係や経過を調べ、改善・対策の措置を取ることが重要です。

災害が発生した際には、その原因を詳細に分析し、再び同種の災害が発生しないように対策を樹立し、関係労働者に徹底する必要があります。また、災害が発生しても報告を行わない労働者がいたことは、関係労働者への安全衛生に関する指導、またその管理体制が不十分なためであった可能性が高く、労基署より何らかの指導や是正を受ける場合があります。

I　労災の取扱い　159

Ⅱ 労働基準法の適用事業報告

Q65 適用事業報告を提出する際の留意点について教えてください。

A. 適用事業報告は、事業を開始した場合、遅滞なく所轄の労基署に提出しなければなりません（労基法施行規則第57条）。新しく建設工事を開始した場合、適用事業報告は事業場ごとに提出します。

建設業における労基法の適用単位として、「建設現場については、現場事務所があって、当該現場において労務管理が一体として行われている場合を除き、直近上位の機構に一括して適用すること」（昭63. 9.16 基発第601号の2）が発出されていて、この通達が考え方の基本となっているといえます。

また、1カ月程度の短期間の工事で現場事務所を開設しない場合、適用事業報告は提出しないのが一般的と思われがちですが、適用事業報告については、「事業施行期間が14日以内の場合の外は、これを提出する必要があること。」という解釈がありますので注意が必要です（昭22. 9.13 基発第17号／昭23. 3.31 基発第511号／昭33. 2.13 基発第90号／平7.12.26 基発第740号）。

160　第5章　その他の実務Q＆A

Q66 「適用事業報告」には派遣社員の人数も含めるのでしょうか。

A.
元請として、建設の現場事務所を開設した場合、遅滞なく所轄の労基署に「適用事業報告」を提出しなければなりません。報告書に記載する労働者とは、常用労働者（職員）、パートタイム労働者、アルバイト等名称のいかんを問わず、事業に使用される者で賃金を支払われる者をいいます。

しかし、派遣社員は所属する派遣会社より賃金が支払われているので、派遣会社から派遣される社員は、「適用事業報告」の人数には含めません。

なお、建設業務は労働者派遣が禁止されていますが、現場で行う施工管理の業務、事務の業務はここでいう建設業務に該当せず、労働者派遣ができると解されています。

Ⅲ 36協定

Q67

所長、副所長の管理職２名のみが現場に駐在しています。この場合、「時間外・休日労働に関する協定書」を提出する必要はあるのでしょうか。

A. 提出は不要と考えられます。

労基法第41条第2項では「監督若しくは管理の地位にある者」（以下「管理監督者」）については、「労働時間、休憩及び休日に関する規定は適用しない」とし、労働時間等に関する規定の適用除外者となっているからです。

それでは、「時間外・休日労働に関する協定書」に係る法律、労基法第36条「時間外及び休日の労動」を見てみましょう。

労基法第36条では「使用者は、当該事業場に、労働者の過半数で組織する労働組合がある場合においてはその労働組合、労働者の過半数で組織する労働組合がない場合においては労働者の過半数を代表する者との書面による協定をし…」と規定されています。

ここでいう、労働者の過半数を代表する者については、労基法施行規則第6条の2第1号で、「法第41条第2項に規定する監督又は管理の地位にある者ではないこと」としています。

よって、管理監督の地位にある者は、労働者の過半数を代表する者にはなりません。

ただし、「名ばかり管理職」等の疑義がある場合には、所轄の労基署に相談してください。

162　第5章　その他の実務Q&A

Q68
建設現場で36協定を締結する場合、協定の当事者は職員組合になりますか。もしくは、建設現場に従事している職員ですか。

A. 建設現場の場合は、当該建設現場に従事している職員が、当該事業場の長と36協定を締結します。

「事業場」とは、法の適用事業として決定される単位であり、協定はそれぞれの事業場ごとに締結されるべきと考えられています。

建設現場の場合は有期事業という性質から、当該建設現場ごとに締結するほうが一般的といえるでしょう。

なお、常駐職員が1人（常駐職員が支店工事部の部長や課長などの管理監督者を兼務しているようなケースは除きます）であっても36協定を締結し、これを届け出ない場合には、法定労働時間を超えて労働時間を延長し、または法定の休日に労働させることはできません。

このような場合には、労基法の適用単位の考え方に該当すると思いますので直近上位の機構、つまり支店・支社の支店長、支社長などを協定締結の当事者（使用者）として常駐職員との間で36協定を締結し、所轄労基署長に届け出るのが現実的対応といえるでしょう。

Ⅲ　36協定　163

Ⅳ 重大災害

Q 69

災害が発生し同時に3人が被災しました。幸いなことに3人とも軽症で不休でした。しかし、3人同時に被災した場合、重大災害の取扱いになると聞いたことがあります。今回のケースはどうなりますか。

A.

厚生労働省は重大災害の定義を「重大災害とは、不休も含む一度に3人以上の労働者が業務上死傷又はり病した災害である。」としています。つまり、災害の程度に関わらず、一事故で負傷したまたは病気になった労働者が同時に3人以上いた場合は重大災害と取り扱われます。今回のケースは、軽症で不休ですが重大災害にカウントされます。

なお、重大災害と休業災害のカウントは別立てといわれています。今回の場合では、〝重大災害1件〟、〝休業災害0件〟となります。

また、休業が伴わない場合、報告義務が必要かは疑問が残ります（重大災害報告書という書式もない）。定義では、「不休も含む」となっており、必然的に「休業」する労働者が最低1人はいるとも読みとれるからです。よって、休業が伴わない場合は、労基署に相談してみることも必要と思われます。

164 第5章 その他の実務Q&A

Ⅴ　示　談

Q70
業務上の死亡災害・重篤な災害等で遺族や被災者本人等と示談を交わす際の、注意点・ポイント等をご教示ください。

A.　示談交渉を円滑に行うための基本的な態度・姿勢として、最も大事なのは、「示談交渉にあたっては誠意をもって、相手側の言い分に十分耳を傾け、こちらの言い分も十分主張する」ことであるといえます。

示談交渉を円滑に進めるための注意点・ポイント等としては、次の項目があげられます。

1　示談とは何かを知る

民事上の紛争に関し、裁判外で当事者間に成立した「当事者が譲り合って争いを解決する契約」、いわゆる「和解契約」（民法第695条・和解）。

「和解契約」は「諾成契約」（当事者の意思表示の合意だけで効力を生ずる契約）とも呼ばれ、お互いが合意した段階で、示談（和解契約）は有効に成立します。

ただし、後日のトラブルを予防するため「和解契約書（示談書）」の作成が必要です。

Ⅴ　示談　165

2　示談前の注意点

【死亡の場合】

・葬儀には、必ず顔を出す。

・状況に応じては、葬儀を出すことも必要。

・香典は状況にもよるがほどほどに。

・葬儀の席で示談の話は避ける。

・初七日、三十五日、四十九日などの法事には、必ず顔を出す。

・労災保険の請求手続には、積極的に協力する。

【入院・通院の場合】

・見舞いに行くなど、被災者と連絡を保つ。

・見舞いに行った日付、見舞金、見舞品等はメモしておく。

【示談の時期】

・初七日、三十五日、四十九日などの時点（死亡の場合）

・作業所解散の段階

・障害等級が決定した段階

【示談交渉の際の確認事項】

・事故の状況（双方の過失の程度の把握）

　　→関係者の法違反の有無、その他労基署等の事故についての考え
　　　方を押さえておく。

・被災者の家族関係、特に相続人は誰か

　　→戸籍謄本を取寄せ、相続人の確定を

・負傷の内容、程度、治療経過等

・事故に関しての出資金額

　　→労災上乗せ保険、互助制度からの給付金

　　→見舞に行った際の持参品等のメモ

・休業状況、事故前後の収入状況等

3　実務としての示談

　実務としての示談においては、被災者側との交渉過程において、

①　労災保険給付を前提に話を進める。

②　損害賠償の支払いが労災保険の上積み分としての支払いである点を強調する。

③　示談条項に「労災保険給付以外の金額」である旨を明記する（支給調整が行われない）。

をアピールし、いかに妥協点を押さえるかが企業側としてのポイントになります。

　過失相殺については、交通事故の場合「歩行者対車両」「車両対車両」などに分類し、さらにその態様を細分して、ある程度定型的に過失相殺の割合を定めています。しかし、労働災害の場合は、事故発生原因の態様、過失の有無、程度は千差万別なので、定型的に定めることは非常に難しいといえます。

　したがって、具体的事案によって、個々に判断されることになり、被災労働者の故意的な災害等のケースを除いて露骨に過失相殺を行わず、示談（和解契約）全体の歩み寄りの中で処理するのが一般的であり望ましいでしょう。

Ⅵ 高齢者

Q71
年少者の作業に対しては業務上の制約があるように、高齢者（おおよそ65歳以上）の作業に対しても制約はありますか。

A. 年少者については労基法・年少者労働基準規則で就労制限等が定められていますが、高齢者等については労基法上の就業制限はありません。

しかしながら、安衛法第62条に「中高年齢者等についての配慮」が規定され、「事業者は、中高年齢者その他労働災害の防止上その就業に当たって特に配慮を必要とする者については、これらの者の心身の条件に応じて適正な配置を行うように努めなければならない。」とあります。

いわゆる、配慮「努力」義務の規定です。高齢者雇用の促進は行政が掲げているテーマでもありますが、反面、高齢者が建設作業を行うにあたっては、安全衛生上様々なトラブルが考えられます。元請企業としては、健康管理、適正配置を考慮し作業にあたらせる必要があるといえます。

168　第5章　その他の実務Q&A

Ⅶ 不服申立て

Q72 労災保険の給付・不支給決定に不服がある場合の申立て制度について教えてください。

A. 給付についての不服がある場合は被災した労働者本人かその遺族が、費用徴収の額などに不服がある場合は処分や通知を受けた者が不服申立てを行うことになります。何段階か申立てをすることが可能ですが、まず最初は、労働者災害補償保険審査官に不服申立てをすることになります。

【不服申立て】

　労災保険給付に関する決定や費用徴収の額の決定などに不服がある者は、不服の申立てをすることができます（労災保険法第38条第1項、労働保険審査官及び労働保険審査会法第8条第1項）。

1　給付についての不服がある場合

①　審査請求

　被災労働者または遺族等は、労基署長が行った保険給付を支給する、支給しないという決定に対して不服がある場合には、その決定をした労基署の所在地を管轄する労働局に置かれている労働者災害補償保険審査官（以下「審査官」といいます）に不服の申立てをすることができます。

　不服申立ては、直接審査官に対して行うことができますが、審査請求人の住所を管轄する労基署長や保険給付に関する決定をした労

Ⅶ　不服申立て　　169

基署長を経由して行うこともできます。

　不服申立ては、保険給付に関する決定があったことを知った日の翌日から起算して３カ月以内に行わなければなりません。

② **再審査請求**

　審査官の決定に不服がある場合には、労働保険審査会に対して、再審査請求をすることができます。審査請求から３カ月を経過しても決定がないときは、棄却とみなすことができます。

　再審査請求は、文書で、労働保険審査会に対して行います。なお、再審査請求人の住所を管轄する労基署長、最初に保険給付に関する決定をした労基署長や審査官を経由して行うこともできます。

　再審査請求は、審査官から決定書の謄本が送付された日の翌日から起算して２カ月以内に行わなければなりません。

　審査官の決定（棄却とみなす場合を含む）を受けた後、取消訴訟の提起という選択も可能です。

③ **保険給付に関する項目とは**

　　a．労働者の被った傷病が「業務災害」または「通勤災害」でないとされた時

　　b．障害等級を低く判定された時

　　c．被災者の身分が「労働者」でないとされた時

　　d．平均賃金の算定に不服がある時

　　e．傷病の「治ゆ日」に不服がある時

　　f．再発の主張が認められないとき

　　g．その他保険給付に関し不服がある時

２　費用徴収の額などに不服がある場合

① **徴収金の賦課や徴収の処分に不服がある場合**

　不正受給者に係る徴収金、追徴金、延滞金等の賦課徴収の処分に

不服がある場合には、処分のあったことを知った日の翌日から起算して3カ月以内（処分があった日の翌日から1年以内）に厚生労働大臣に不服の申立てをすることができます。

② 政府が算定した保険料や徴収金の額に不服がある場合

　保険加入者が保険料の報告をしない場合やその報告に誤りがある場合には、都道府県労働局は、調査に基づいて保険料の額を算定し、あるいは、保険料滞納期間中の労働災害に対して保険給付をした場合に費用徴収の額を保険加入者に通知します。

　保険加入者がこの額に不服がある場合には、処分があったことを知った日の翌日から起算して3カ月以内（処分があった日の翌日から1年以内）に厚生労働大臣に審査の請求をすることができます。

労働保険審査制度の仕組み

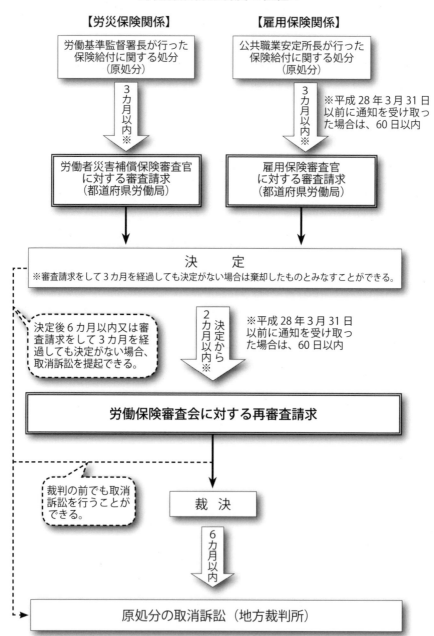

172　第5章　その他の実務Q&A

Q73 労災保険の適用について、元請や事業主は、意見を申し立てることはできるのですか。

A. 労災保険の適用（どの事業所の労災保険番号を使うといった判断）等について疑問がある場合は、意見具申といったかたちで申し出ることになります。

【事業主の意見具申】

労災保険則第23条の2において、「事業主は、当該事業主の事業に係る業務災害又は通勤災害に関する保険給付の請求について、所轄労働基準監督署長に意見を申し出ることができる。」とあり、事業主としての意見の申出は、以下の事項を記載した書面を所轄の労基署長に提出することにより行うことができます。

①労働保険番号
②事業主の氏名または名称および住所または所在地
③業務災害または通勤災害を被った労働者の氏名および生年月日
④労働者の負傷もしくは発病または死亡の年月日
⑤事業主の意見

Ⅶ　不服申立て　173

参考文献

建設労務安全研究会編『建設業労務安全必携』社団法人全国建設業協会

労働新聞社編『労災保険適用事業細目の解説 平成 30 年版』労働新聞社

建設労務安全研究会編『建設業における労働関係法令に関する Q&A 集』労働新聞社

社団法人札幌建設業協会労務研究会編『建設業　労災保険適用の手引き』

他

建設業における労災保険の実務Ｑ＆Ａ　改訂第2版

平成 25 年 12 月 10 日　　初版
平成 30 年　4 月 18 日　　第 2 版

編　者　　建設労務安全研究会

発行所　　株式会社労働新聞社

　　　　　〒 173-0022　東京都板橋区仲町 29 － 9

　　　　　Tel：03-3956-3151　　　Fax：03-3956-1611

　　　　　https://www.rodo.co.jp/　　pub@rodo.co.jp

装　丁　　松田 晴夫（クリエイティブ・コンセプト）

表紙イラスト　shutterstock

印　刷　　株式会社ビーワイエス

本書の全部または一部を無断で複写複製することは、著作権法上での例外を除き禁じられています。
乱丁、落丁本はお取り替えいたします。

ISBN 978-4-89761-696-4